AS LESÕES CONTRA A VIDA E CONTRA A INTEGRIDADE FÍSICA
DOS CIDADÃOS COMO CONSEQUÊNCIAS DO EMPREGO
DE MEIOS COERCIVOS PELA POLÍCIA DE SEGURANÇA PÚBLICA:
PROPORCIONALIDADE DA FORÇA FACE À AMEAÇA

EZEQUIEL AGOSTINHO MACIEL RODRIGUES

# AS LESÕES CONTRA A VIDA E CONTRA A INTEGRIDADE FÍSICA DOS CIDADÃOS COMO CONSEQUÊNCIAS DO EMPREGO DE MEIOS COERCIVOS PELA POLÍCIA DE SEGURANÇA PÚBLICA: PROPORCIONALIDADE DA FORÇA FACE À AMEAÇA

*Dissertação com vista à obtenção
do grau de Mestre*

# AS LESÕES CONTRA A VIDA E CONTRA A INTEGRIDADE FÍSICA DOS CIDADÃOS COMO CONSEQUÊNCIAS DO EMPREGO DE MEIOS COERCIVOS PELA POLÍCIA DE SEGURANÇA PÚBLICA: PROPORCIONALIDADE DA FORÇA FACE À AMEAÇA

AUTOR
EZEQUIEL AGOSTINHO MACIEL RODRIGUES

EDITOR
EDIÇÕES ALMEDINA. SA
Av. Fernão Magalhães, n.º 584, 5.º Andar
3000-174 Coimbra
Tel.: 239 851 904
Fax: 239 851 901
www.almedina.net
editora@almedina.net

PRÉ-IMPRESSÃO | IMPRESSÃO | ACABAMENTO
G.C. GRÁFICA DE COIMBRA, LDA.
Palheira – Assafarge
3001-453 Coimbra
producao@graficadecoimbra.pt

Março, 2009

DEPÓSITO LEGAL
290868/09

Os dados e as opiniões inseridos na presente publicação
são da exclusiva responsabilidade do(s) seu(s) autor(es).

Toda a reprodução desta obra, por fotocópia ou outro qualquer
processo, sem prévia autorização escrita do Editor, é ilícita
e passível de procedimento judicial contra o infractor.

---

**Biblioteca Nacional de Portugal – Catalogação na Publicação**

RODRIGUES, Ezequiel Agostinho Maciel

As lesões contra a vida e contra a integridade física dos cidadãos
como consequência do emprego de meios coercivos pela Polícia
de Segurança Pública: proporcionalidade da força face à ameaça.
– (Teses de mestrado)
ISBN 978-972-40-3811-7

CDU 343
     351

Este trabalho, realizado sob a orientação da Senhora Professora Doutora Teresa Maria Salgado de Magalhães, constitui a dissertação com vista à obtenção do grau de Mestre no âmbito do 1.º Curso de Mestrado em Ciências Forenses da Universidade do Porto.

*À Cecília*
*por ser a força que tornou possível a conclusão deste estudo*

*O que não percebeis, negais que exista;*
*O que não calculastes, é mentira;*
*O que vós não pesastes, não tem peso;*
*Metal que não cunheis, dizeis que é falso.*

GÖETHE

# ÍNDICE

| | |
|---|---|
| Lista de quadros | 17 |
| Lista de gráficos | 19 |
| Lista de siglas e abreviaturas | 21 |
| Agradecimentos | 23 |
| Resumo | 25 |
| Abstract | 27 |
| I. INTRODUÇÃO | 29 |
| 1. DA CARACTERIZAÇÃO DA ACTIVIDADE POLICIAL: PARTICULARIDADES DA POLÍCIA DE SEGURANÇA PÚBLICA | 31 |
| 1.1. Conceito de Polícia | 31 |
| 1.2. Atribuições e competências | 33 |
| 1.3. Medidas de polícia e emprego de meios coercivos | 35 |
| 1.4. Graus de ameaça e níveis de força | 40 |
| 1.5. Princípios enformadores da actividade policial | 42 |
| 1.5.1. Princípio da tipicidade | 44 |
| 1.5.2. Princípio da legalidade | 45 |
| 1.5.3. Princípio da proporcionalidade ou princípio da proibição do excesso | 46 |
| 2. DA CARACTERIZAÇÃO DOS CRIMES DE HOMICÍDIO E DE OFENSAS À INTEGRIDADE FÍSICA | 48 |
| 2.1. Crimes de homicídio | 48 |
| 2.1.1. Homicídio | 49 |
| 2.1.2. Homicídio qualificado | 50 |

As Lesões Contra a Vida e Contra a Integridade Física dos Cidadãos

2.1.3. Homicídio privilegiado ........................................ 56
2.1.4. Homicídio por negligência ................................. 62
2.2. Crimes de ofensas à integridade física........................ 66
2.2.1. Ofensa à integridade física simples ................... 67
2.2.2. Ofensa à integridade física grave ..................... 69
2.2.3. Ofensa à integridade física qualificada .............. 74
2.2.4. Ofensa à integridade física privilegiada............. 75
2.2.5. Agravação pelo resultado ................................. 75
2.2.6. Ofensa à integridade física por negligência ....... 77

3. DA AVALIAÇÃO MÉDICO-LEGAL NOS CRIMES DE
   HOMICÍDIO E DE OFENSAS À INTEGRIDADE FÍSICA    78

3.1. Relatório de exame pericial.................................... 79
3.1.1. Relatório de autópsia ..................................... 79
3.1.2. Relatório de clínica forense ............................ 81
3.2. Avaliação médico-legal nos casos de homicídio ......... 82
3.3. Avaliação médico-legal nos casos de ofensas à integri-
     dade física .......................................................... 83
3.3.1. Avaliação das consequências temporárias.......... 84
3.3.1.1. Tipo e gravidade das lesões ................... 84
3.3.1.2. Períodos de incapacidade temporária e
         quantum doloris ................................... 85
3.3.2. Avaliação das consequências permanentes ........ 86
3.3.2.1. Tipo e gravidade das sequelas .............. 86
3.3.2.2. Incapacidade permanente geral, rebate
         profissional, dano futuro, dano estético,
         prejuízo de afirmação pessoal e prejuízo
         sexual ................................................. 88

4. DA RESPONSABILIDADE PENAL, CÍVEL E DISCIPLI-
   NAR PELOS CRIMES DE HOMICÍDIO E DE OFENSAS
   À INTEGRIDADE FÍSICA .................................................. 90

4.1. Responsabilidade penal ........................................ 90
4.1.1. Causas de exclusão da ilicitude ou causas de jus-
       tificação ....................................................... 92
4.1.1.1. Legítima defesa ................................. 92
4.1.1.2. Direito de necessidade ........................ 96
4.1.1.3. Conflito de deveres ............................ 98
4.1.1.4. Consentimento do titular do interesse
         jurídico lesado ................................... 100

| | |
|---|---|
| 4.1.2. Causas de exclusão da culpa ou causas de exculpação | 102 |
| 4.1.2.1. Coacção | 103 |
| 4.1.2.2. Inimputabilidade | 103 |
| 4.1.2.3. Estado de necessidade desculpante | 104 |
| 4.1.2.4. Obediência indevida desculpante | 106 |
| 4.1.2.5. Excesso de legítima defesa não punível | 106 |
| 4.1.2.6. O erro | 108 |
| 4.2. Responsabilidade civil | 110 |
| 4.3. Responsabilidade disciplinar | 114 |
| II. OBJECTIVOS | 119 |
| III. MATERIAL E MÉTODOS | 123 |
| 1. MATERIAL | 125 |
| 2. MÉTODOS | 126 |
| 2.1. Metodologia da colheita de dados | 126 |
| 2.2. Análise estatística | 131 |
| 2.3. Análise da proporcionalidade entre o grau de ameaça e o nível de força | 132 |
| IV. RESULTADOS | 135 |
| 1. ANÁLISE DESCRITIVA DOS DADOS | 137 |
| 1.1. Caracterização demográfica da população estudada | 137 |
| 1.1.1. Ofendidos | 137 |
| 1.1.2. Agentes policiais | 138 |
| 1.2. Caracterização dos factos | 139 |
| 1.3. Descrição das lesões corporais | 147 |
| 1.4. Resultados das decisões judiciais | 150 |
| 1.4.1. Processo penal | 150 |
| 1.4.2. Processo cível | 153 |
| 2. ESTUDO DA RELAÇÃO DE DEPENDÊNCIA ENTRE VARIÁVEIS | 154 |
| 2.1. Idade do agente policial e mecanismos de produção das lesões | 154 |

2.2. Idade do agente policial e resultado da perícia médico--legal ............................................................................. 155

2.3. Idade do agente policial e sentença judicial no âmbito penal ...................................................................................... 155

2.4. Zona do país onde decorreram os factos e mecanismos de produção das lesões ................................................... 156

2.5. Zona do país onde decorreram os factos e sentença judicial no âmbito penal ................................................... 157

2.6. Local físico dos factos e mecanismos de produção das lesões, acção concreta do agente policial e resultado da perícia médico-legal ........................................................ 158

2.7. Distância ao ofendido e mecanismo disparo de arma de fogo com projéctil letal ................................................... 159

2.8. Grau de ameaça e nível de força ................................... 159

2.9. Mecanismo de produção das lesões e o resultado da perícia médico-legal ........................................................ 160

2.10. Grau de ameaça e resultado da perícia médico-legal 163

2.11. Nível de força e resultado da perícia médico-legal ... 164

2.12. Mecanismo bofetada e sentença para o agente no âmbito penal ...................................................................... 165

2.13. Mecanismo disparo de arma de fogo com projéctil letal e sentença penal para o agente ........................................ 165

2.14. Mecanismo disparo de arma de fogo com projéctil letal e condenação por homicídio ........................................... 166

2.15. Grau de ameaça e resultado da decisão judicial no âmbito penal ...................................................................... 167

2.16. Nível de força e resultado da decisão judicial no âmbito penal ...................................................................... 168

2.17. Gravidade das lesões e resultado da sentença judicial no âmbito penal ................................................................ 170

V. DISCUSSÃO ............................................................................. 171

1. UTILIZAÇÃO DA FORÇA EM ACÇÕES POLICIAIS ..... 173

2. CARACTERIZAÇÃO DOS OFENDIDOS E DOS AGEN-TES POLICIAIS ..................................................................... 174

2.1. Ofendidos ....................................................................... 174

2.2. Agentes policiais ........................................................... 175

3. CIRCUNSTÂNCIAS EM QUE OCORRERAM AS LESÕES 176

4. CARACTERIZAÇÃO DAS LESÕES CORPORAIS ........... 181

5. RESPONSABILIDADE PENAL, CIVIL E DISCIPLINAR 183

6. LIMITAÇÕES E PERSPECTIVAS PARA OUTROS ESTU-
DOS ..................................................................................... 185

VI. CONCLUSÕES ......................................................................... 189

VII. REFERÊNCIAS BIBLIOGRÁFICAS ..................................... 195

ANEXO ............................................................................................. 203

# LISTA DE QUADROS

QUADRO 1 – Regiões corporais ........................................................ 83
QUADRO 2 – Escala de gravidade das lesões ............................... 85
QUADRO 3 – Grupos de sequelas funcionais ............................... 87
QUADRO 4 – Grupos de sequelas situacionais ............................ 87
QUADRO 5 – Escalas de gravidade das sequelas lesionais, funcionais e situacionais .............................................. 88
QUADRO 6 – Distribuição dos ofendidos segundo a idade ........ 137
QUADRO 7 – Distribuição dos ofendidos segundo o estado civil 137
QUADRO 8 – Distribuição dos ofendidos segundo a situação de actividade ................................................................ 138
QUADRO 9 – Distribuição dos ofendidos segundo o grupo profissional ................................................................... 138
QUADRO 10 – Distribuição dos agentes policiais segundo a idade 139
QUADRO 11 – Distribuição dos agentes policiais segundo o estado civil ......................................................................... 139
QUADRO 12 – Distribuição dos agentes policiais segundo a carreira profissional ..................................................... 139
QUADRO 13 – Hora dos factos ......................................................... 140
QUADRO 14 – Distrito dos factos ..................................................... 141
QUADRO 15 – Local físico dos factos ............................................. 141
QUADRO 16 – Número de agentes policiais intervenientes ......... 142
QUADRO 17 – Número de agentes policiais suspeitos de provocar as lesões ............................................................ 142
QUADRO 18 – Número de cidadãos intervenientes ...................... 142
QUADRO 19 – Número de cidadãos ofendidos ............................. 143
QUADRO 20 – Acção do ofendido no momento da ofensa .......... 143
QUADRO 21 – Acção do agente policial no momento da ofensa 144
QUADRO 22 – Mecanismo de produção da lesão ......................... 144
QUADRO 23 – Momento concreto da ofensa ao cidadão ............. 145

QUADRO 24 – Posição do ofendido face ao agente aquando da produção da lesão ..................................................... 145

QUADRO 25 – Distância entre o agente policial e o ofendido .... 146

QUADRO 26 – Agressão ao agente ................................................ 146

QUADRO 27 – Grau de ameaça enfrentado pelo agente policial. 147

QUADRO 28 – Nível de força aplicado pelo agente policial ....... 147

QUADRO 29 – Zona corporal atingida com maior gravidade ...... 148

QUADRO 30 – Número de regiões corporais atingidas ................ 148

QUADRO 31 – Gravidade das lesões mais importantes .............. 149

QUADRO 32 – Gravidade das sequelas lesionais ........................ 149

QUADRO 33 – Gravidade das sequelas funcionais ...................... 150

QUADRO 34 – Gravidade das sequelas situacionais .................... 150

QUADRO 35 – Condenações por homicídio ................................. 151

QUADRO 36 – Condenações por ofensas à integridade física ...... 151

QUADRO 37 – Tipo de pena atribuída nos casos de condenação 151

QUADRO 38 – Pena concreta nos casos de condenação em prisão efectiva ................................................................ 152

QUADRO 39 – Pena concreta nos casos de condenação em pena suspensa ............................................................... 152

QUADRO 40 – Montante nos casos de condenação em pena de multa .................................................................... 152

QUADRO 41 – Razões para a absolvição do agente policial ....... 153

QUADRO 42 – Tipo de danos a indemnizar ................................. 153

QUADRO 43 – Montante de indemnização .................................. 154

QUADRO 44 – Relação entre a idade do agente policial e os mecanismos de produção das lesões ........................ 154

QUADRO 45 – Relação entre a idade do agente policial e a zona corporal ................................................................ 155

QUADRO 46 – Relação entre a idade do agente policial e a gravidade das lesões ..................................................... 155

QUADRO 47 – Relação entre a idade do agente policial e o resultado da decisão judicial ...................................... 156

QUADRO 48 – Relação entre o grau de ameaça e a gravidade das lesões mais importantes ...................................... 163

QUADRO 49 – Relação entre o mecanismo disparo de arma de fogo com projéctil letal e sentença judicial no âmbito penal ............................................................... 166

QUADRO 50 – Relação entre a gravidade das lesões e o resultado da sentença judicial ....................................... 170

# LISTA DE GRÁFICOS

GRÁFICO 1 – Ano dos factos ........................................................ 140

GRÁFICO 2 – Relação entre a zona do país onde decorreram os factos e o mecanismo murro ............................... 157

GRÁFICO 3 – Relação entre a zona do país e a sentença judicial 158

GRÁFICO 4 – Relação entre a distância ao ofendido e o disparo de arma de fogo com projéctil letal .................... 159

GRÁFICO 5 – Relação entre o grau de ameaça e o nível de força 160

GRÁFICO 6 – Relação entre a gravidade das lesões mais importantes e o disparo de arma de fogo com projéctil letal ......................................................................... 161

GRÁFICO 7 – Relação entre a gravidade das lesões mais importantes e o mecanismo murro ............................... 162

GRÁFICO 8 – Relação entre a zona corporal em que foi detectada a lesão mais grave e o mecanismo disparo de arma de fogo com projéctil letal .................... 163

GRÁFICO 9 – Relação entre o nível de força e a gravidade das lesões mais importantes ......................................... 164

GRÁFICO 10 – Relação entre o mecanismo bofetada e a sentença penal para o agente ............................................... 165

GRÁFICO 11 – Relação entre o disparo de arma de fogo com projéctil letal e a condenação por homicídio ........... 166

GRÁFICO 12 – Relação entre o grau de ameaça e o resultado da decisão judicial ...................................................... 167

GRÁFICO 13 – Relação entre o grau de ameaça e a condenação por ofensas à integridade física ........................... 168

GRÁFICO 14 – Relação entre o nível de força e a sentença judicial 169

GRÁFICO 15 – Relação entre o nível de força e a condenação por ofensas à integridade física ..................................... 170

# LISTA DE SIGLAS E ABREVIATURAS

| | |
|---|---|
| AAFDL | – Associação Académica da Faculdade de Direito de Lisboa |
| Ac. | – Acórdão |
| CC | – Código Civil |
| CE | – Conselho da Europa |
| COMETLIS | – Comando Metropolitano da Polícia de Segurança Pública de Lisboa |
| COMETPOR | – Comando Metropolitano da Polícia de Segurança Pública do Porto |
| CP | – Código Penal |
| CPC | – Código de Processo Civil |
| CPP | – Código de Processo Penal |
| CPPT | – Comité para a Prevenção da Tortura nas Prisões |
| CDSetúbal | – Comando Distrital de Setúbal |
| CRP | – Constituição da República Portuguesa |
| DIAP | – Departamento de Investigação e Acção Penal |
| DL | – Decreto-Lei |
| DNPSP | – Direcção Nacional da Polícia de Segurança Pública |
| DR | – Diário da República |
| ED | – Estatuto Disciplinar dos Funcionários e Agentes da Administração Central, Regional e Local do Estado |
| GNR | – Guarda Nacional Republicana |
| GOE | – Grupo de Operações Especiais |
| IGAI | – Inspecção Geral da Administração Interna |
| INML | – Instituto Nacional de Medicina Legal |
| ISCPSI | – Instituto Superior de Ciências Policiais e Segurança Interna |
| IT | – Incapacidade de Trabalho |
| OPSP | – Orgânica da Polícia de Segurança Pública |
| LSI | – Lei de Segurança Interna |
| LUMC | – Normas sobre Limites ao Uso de Meios Coercivos |
| MAI | – Ministério da Administração Interna |

| | |
|---|---|
| MP | – Ministério Público |
| NEP | – Norma de Execução Permanente |
| NUIPC | – Número Único de Identificação de Processo-Crime |
| OMS | – Organização Mundial de Saúde |
| OPSEG/DEPOP | – Operações e Segurança/Departamento de Operações |
| PGR | – Procuradoria-Geral da República |
| PSP | – Polícia de Segurança Pública |
| QD | – *Quantum Doloris* |
| RDPSP | – Regulamento Disciplinar da Polícia de Segurança Pública |
| SD | – Desvio Padrão |
| SPSS | – Statistical Package for the Social Sciences |
| STJ | – Supremo Tribunal de Justiça |

# AGRADECIMENTOS

A realização deste estudo, embora constituindo um objectivo pessoal, não teria sido possível sem a prestimosa colaboração de algumas pessoas e instituições que connosco se disponibilizaram a colaborar. De entre estes, é com apreço que dirijo uma referência especial:

– à Senhora Professora Doutora Teresa Magalhães por, ainda na fase curricular do Mestrado, me ter incentivado a desenvolver este estudo e, já como Orientadora, ter conseguido incutir-me motivação e ânimo quando as dificuldades pareceram ser inultrapassáveis;

– à Mestre Eduarda Matos, do Laboratório de Saúde Comunitária do Instituto de Ciências Biomédicas Abel Salazar, da Universidade do Porto, pelo modo prestável e incansável como me orientou no tratamento estatístico dos dados;

– ao Senhor Vice-Procurador Geral da República Agostinho Homem pela prontidão com que acedeu ao nosso pedido de colaboração, fornecendo-nos a informação necessária relativa aos processos-crime a analisar para este estudo;

– à Senhora Procuradora-Adjunta Guilhermina Marreiros, da Procuradoria-Geral da República, pela amabilidade com que nos recebeu e connosco colaborou, fornecendo-nos a informação requerida relativamente aos processos-crime a estudar e à sua respectiva localização nos tribunais;

– ao Meritíssimo Juiz-Desembargador Branquinho Lobo, Director Nacional da Polícia de Segurança Pública, que nos autorizou a citar neste estudo a Norma de Execução Permanente n.º OPSEG/DEPOP/01/05, de 01 de Junho de 2004, instrumento fundamental para a realização da investigação;

– à Senhora Procuradora Geral Adjunta Hortênsia Calçada, do Departamento de Investigação e Acção Penal do Porto, pela seu empenho neste estudo, orientando-nos na localização dos processos-crime cujo inquérito correu termos naquele Departamento;

– ao Senhor Procurador Geral Adjunto Euclides Dâmaso, do Departamento de Investigação e Acção Penal de Coimbra, pela sua disponibilidade, permitindo-nos aceder à localização dos processos-crime cujo inquérito correu termos naquele Departamento;

– à Senhora Procuradora Geral Adjunta Francisca Van Dunen, do Departamento de Investigação e Acção Penal de Lisboa, também pela sua disponibilidade, orientando-nos na localização dos processos-crime cujo inquérito correu termos naquele Departamento;

– aos Meretíssimos Juízes Presidentes dos tribunais onde foram consultados os processos-crime analisados para este estudo pela autorização concedida para tal;

– ao Senhor Procurador Geral Adjunto Ferreira Pinto, ilustre colega de Mestrado, pela amabilidade com que me orientou para uma maior celeridade na consulta dos processos que correram termos nos Departamentos de Investigação e Acção Penal do Porto, de Coimbra e de Lisboa;

– ao Mestre Diogo Pinto da Costa, da Delegação do Instituto Nacional de Medicina Legal do Porto, pelos aconselhamentos acerca do modo mais eficiente para a consulta dos processos nos tribunais e pela ajuda na concepção da "Ficha para recolha de dados sobre homicídios e ofensas à integridade física dos cidadãos em acções policiais";

– ao Senhor Professor Doutor Costa Andrade, pela amabilidade revelada na correcção efectuada à parte legal do Capítulo I deste estudo;

– à Senhora Chefe Maria Cecília Moreira e ao Senhor Agente-Principal João Magalhães, do Núcleo de Instrução do Comando da PSP do Porto, pelo enorme esforço acrescido devotado ao serviço durante a minha ausência para investigar para este estudo;

– à Senhora Dra. Diana Catarina Monteiro, pelas traduções para este estudo;

– ao Celso Marques pela amizade demonstrada, designadamente no aconselhamento bibliográfico para este estudo;

– ao amigo Daniel Magalhães, pela consideração pessoal revelada no incentivo para a inscrição no Mestrado em Ciências Forenses, acto sem o qual este estudo nunca seria sequer idealizado;

– à Cecília, por me ter dado forças para terminar este estudo quando tal já não parecia ser possível.

A todos, muito obrigado!

# RESUMO

O âmbito deste estudo respeita aos crimes de homicídio e de ofensas à integridade física imputados a agentes da Polícia de Segurança Pública (PSP) no exercício das suas funções, entre os anos 1991 e 2004.

Com a sua realização pretendeu-se apurar se as lesões causadas pelos agentes policiais foram proporcionais ao grau de ameaça que os cidadãos ofendidos representaram para eles ou para terceiros. Visou-se ainda caracterizar os ofendidos, os agentes policiais agressores e as circunstâncias em que as lesões foram provocadas, bem como descrever as lesões e as sequelas resultantes dessas lesões e apurar o nível de responsabilidade penal, cível e disciplinar dos agentes ofensores.

Para alcançar estes objectivos, foram analisadas as decisões judiciais de 96 processos-crime instaurados contra agentes da PSP por homicídio ou por ofensas à integridade física. A partir destes 96 processos obtiveram-se 113 casos, cada um constituído pelo binómio "polícia – ofendido".

A recolha de dados foi realizada em vários tribunais de Portugal Continental nos quais, através de informação da Procuradoria-Geral da República, foi possível localizar os processos-crime. Os dados foram colhidos numa ficha em que constavam as variáveis com interesse para o estudo. A análise estatística foi feita utilizando o software *Statistical Package for the Social Sciences* (SPSS), versão 13.0.

Apurou-se que os cidadãos ofendidos eram maioritariamente do sexo masculino, jovens, solteiros e tinham como actividade profissional a indústria de extracção e transformadora e a condução de máquinas. Verificou-se que as lesões foram maioritariamente provocadas por elementos policiais da classe de Agente, de noite, na via pública, através de murros, pontapés, bofetadas, disparos de arma de fogo com projéctil letal e impactos com o bastão policial, que o grau de ameaça mais frequentemente enfrentado pelos agentes foi baixo e o nível de força por eles aplicado maioritariamente elevado. Constatou-se que a zona corporal mais atingida foi a face, que a gravidade das lesões mais frequente foi de grau 1 e a gravidade das sequelas de grau 0. A decisão judicial no âmbito penal, na maioria dos casos (54%), foi a absolvição. De igual modo, no âmbito cível, a decisão maioritária foi a não obrigatoriedade de indemnizar.

Analisando a relação entre o grau de ameaça e o nível de força, segundo o estabelecido na Norma de Execução Permanente n.º DEPOP/ /OPSEG/01/05, aprovada pela Direcção Nacional da PSP em 01 de Junho de 2004, concluiu-se que o nível de força aplicado pelos agentes foi maioritariamente desproporcional para os graus de ameaça nulo e baixo/ /médio e proporcional para o grau de ameaça elevado.

Considerando somente os resultados da decisão judicial no âmbito penal, verificou-se que na maior parte dos casos os agentes policiais provocaram lesões nos cidadãos de modo proporcional.

Relacionando a decisão judicial no âmbito penal com o grau de ameaça, com o nível de força e com o crime imputado, concluiu-se que os agentes provocaram lesões de modo proporcional nos casos de grau de ameaça baixo/médio e elevado, nos casos de nível de força baixo/médio e nos casos em que o crime imputado foi ofensas à integridade física, e de modo não proporcional nos casos de grau de ameaça nulo, nos casos de nível de força elevado e nos casos em que o crime imputado foi homicídio.

# ABSTRACT

The aim of this study is related with homicide and offences to the physical integrity imputed to the policemen of Polícia de Segurança Pública (PSP) when they were working, between 1991 and 2004.

With this accomplishment, it is intended to verify if the damages caused by the policemen were proportional to the degree of the treat that the offended citizens represented to them or to the thirds. It was also intended to characterize the offended people, the aggressors policemen and the circumstances in which the damages were caused, as well as, describe the damages and the sequels following these damages and verify the level of penal, civil and disciplinary responsibility of the offenders policemen.

To reach all this objectives, there were analysed the judicial decisions of 96 crime-processes that brought an action against the policemen of PSP for homicide or offences to the physical integrity. From these 96 processes, were got 113 cases, each one constituted by the binominal "policeman-offended".

The assemble of data was done in several courts in Continental Portugal in which, through the information from the General-Procuracy of the Republic (PGR), it was possible to fix the crime-processes. The data were picked up in a file in which were reported the variables with interest to the study. The statistic analysis was done using the software Statistical Package for the Social Sciences (SPSS), 13.0 version.

It was verified that the offended citizens were mainly male, single and has as a professional activity the extraction and the transforming industry as well as the driving of machines. It was also confirmed that the damages were mainly caused by policemen elements of the Agent class, at night, in the streets, through punches, kicks, slaps, shoots of fire-arms with fatal bullet and hits with the police baton, and the degree of treat frequently faced by the policemen was low and the strength level used by them was mainly high. It was noticed that the bodily zone more hit was the face, the gravity of the damages more frequent was from level 1 and the gravity of the sequels was level 0. the judicial decision in the penal ambit, in the great majority of cases (54%), was the absolution. In the same way, in the civil extent, the major decision was the non obligatoriness of paying indemnifying.

Analysing the relationship between the degree of the treat and the strength level, according to the established in the Norm of Permanent Execution OPSEG/DEPOP/01/05, approved by the Nation Direction of the PSP on 1st June of 2004, it is concluded that the strength level applied by the policemen was majority out of the proportion to the null and low//median degrees of treat and proportional to the high degree of treat.

Considering only the results of the judicial decision in the penal extent, it was seen that in the biggest part of the cases the policemen caused damages in the citizens in a proportional way.

Relating the judicial decision in the penal extent with the degree of treat, with the strength level and the imputed crime, it is concluded that the policemen caused damages in a proportional way in the cases of low//median and high degree of treat, in the cases of low/median strength level and in the cases in which the imputed crime was offences to the physical integrity, and in a disproportionate way in the cases of the null degree of treat, in the cases of high strength level and in the cases in which the imputed crime was homicide.

# I. INTRODUÇÃO

# 1. DA CARACTERIZAÇÃO DA ACTIVIDADE POLICIAL: PARTICULARIDADES DA POLÍCIA DE SEGURANÇA PÚBLICA

## 1.1. Conceito de Polícia

A palavra polícia tem a sua raiz no termo grego *politeia*, chega à língua portuguesa por via do latim *politia* – cujo significado encerra a ideia de organização da cidade – e deve o seu sentido moderno ao surgimento do francês *police*, introduzido a partir do século XIX.

A recorrência com que o vocábulo polícia é actualmente utilizado parece fazer crer que a sua definição é absolutamente clara para qualquer cidadão. No entanto, isto não é totalmente assim pois, por exemplo, no caso português, a designação polícia é vulgarmente associada à Polícia de Segurança Pública (PSP) – por oposição à guarda, que logo faz lembrar a Guarda Nacional Republicana (GNR) – ou, de um modo geral, ao indivíduo que desenvolve funções de segurança pública.

A polissemia actual do termo polícia decorre da evolução da organização e das funções que lhe têm vindo a estar associadas ao longo dos tempos. Hodiernamente esta indefinição acaba por resultar também da inexistência de uma disposição legal – constitucional ou infraconstitucional – que defina polícia.

A partir dos escritos dos autores que têm vindo a debruçar-se sobre o conceito de polícia, é possível considerar a existência de duas perspectivas distintas: uma perspectiva funcional ou material e uma perspectiva orgânica ou institucional.

Na perspectiva funcional ou material, polícia é uma actividade. Na perspectiva orgânica ou institucional, polícia é um serviço ou organismo público[1].

---

[1] EURICO JOÃO SILVA, *Regras gerais sobre polícia: o art. 272.º da Constituição da República*, In Inspecção-Geral da Administração Interna, Conferências da IGAI: ano 2002/2003, Lisboa: IGAI, 2004, p. 44.

Marcelo Caetano[2], numa perspectiva funcional, considerou a polícia como «o modo de actuar da autoridade administrativa que consiste em intervir no exercício das actividades individuais susceptíveis de fazer perigar interesses gerais, tendo por objecto evitar que se produzam, ampliem ou generalizem os danos sociais que as leis procuram prevenir».

Sérvulo Correia[3] considerou polícia em sentido funcional como «a actividade da Administração Pública que consiste na emissão de regulamentos e a prática de actos administrativos e materiais que controlam condutas perigosas dos particulares com o fim de evitar que estas venham ou continuem a lesar bens sociais cuja defesa preventiva através de actos de autoridade seja consentida pela Ordem Jurídica».

O mesmo autor[4] definiu polícia numa perspectiva orgânica como «todo o serviço administrativo que, nos termos da lei, tenha como tarefa exclusiva ou predominante o exercício de uma actividade policial».

Independentemente da perspectiva conceptual apresentada, considera-se que toda a polícia é administrativa em virtude da inserção de uma norma constitucional a ela referente – art. 272.º da Constituição da República Portuguesa (CRP) – no âmbito do título relativo à Administração Pública.

Segundo Marcelo Caetano[5], atendendo ao objecto da actividade policial, a polícia administrativa em sentido amplo pode distinguir-se entre polícia judiciária e polícia administrativa em sentido restrito.

Esta distinção foi consagrada pela primeira vez no Código Francês dos Delitos e das Penas, promulgado a 3 do Brumário do ano IV (art. 18.º) nos termos seguintes:

"A *polícia administrativa* tem por objecto a manutenção habitual da ordem pública em toda a parte e em todos os sectores da administração geral. O seu fim é, principalmente, o de prevenir os delitos...".

"A *polícia judiciária* investiga os delitos que a polícia administrativa não impediu que se cometessem, reúne as respectivas provas e entrega os autores aos tribunais encarregados por lei de os punir."

A polícia administrativa em sentido restrito, por seu turno, costuma desdobrar-se em dois tipos: polícia administrativa geral e polícia administrativa especial.

---

[2] MARCELO CAETANO, *Manual de Direito Administrativo*, 9.ª ed., Vol. II, Coimbra: Almedina, 1980, p. 1150.

[3] SÉRVULO CORREIA, *Polícia*, In: Dicionário Jurídico da Administração Pública, Vol. VI, Lisboa: s.e., 1994, p. 394 *apud* João Raposo, Direito Policial I, Lisboa: Almedina, 2006, p. 27.

[4] SÉRVULO CORREIA, *op. cit.*, p. 406 *apud* JOÃO RAPOSO, *op. cit.*, pp. 24-25.

[5] MARCELO CAETANO, *op. cit.*, p. 1153.

Marcelo Caetano[6] considerava polícia administrativa geral «a actividade policial que visa a observância e a defesa da ordem jurídica globalmente considerada» e polícia administrativa especial aquela que tem como objectivo «a observância e a defesa de determinados sectores da ordem jurídica (…)».

Mais recentemente, Francisco de Sousa[7] considerou igualmente a existência daqueles dois tipos de polícia administrativa, definindo-as, respectivamente, como todas as entidades com «vocação universalista num determinado território» e como «polícia especializada num determinado objecto, mais ou menos determinado».

Tendo em consideração os conceitos de polícia apresentados deve considerar-se a Polícia de Segurança Pública uma polícia administrativa geral. Esta qualidade advém do facto de, a par da Guarda Nacional Republicana, ser uma força de segurança que não desenvolve uma actividade específica em exclusivo – o que impede que seja considerada polícia administrativa especial – e que, embora desenvolva funções especiais de investigação criminal, tem como primeira finalidade a manutenção da ordem, segurança e tranquilidade pública – acção que contribui para a prevenção e não para a repressão criminal – logo não deverá ser considerada uma polícia judiciária no sentido estrito do termo.

## 1.2. Atribuições e competências

A Constituição da República Portuguesa consagra expressamente o seu art. 272.º à "Polícia". Neste preceito estão incluídas todas as entidades que desenvolvam actividades de polícia administrativa em sentido amplo[8].

O n.º 1 do art. 272.º da CRP, estabelece que "A polícia tem por funções defender a legalidade democrática e garantir a segurança interna e os direitos dos cidadãos".

---

[6] *Idem*, p. 1154.

[7] António Francisco de Sousa, *Polícia Administrativa: autoridades, órgãos e competências*, Polis: Revista de Estudos Jurídico-Políticos, n.ºs 9/12, 2003, pp. 74-75.

[8] Cf. Jorge Miranda, *Direitos Fundamentais e Polícia*, In: Inspecção Geral da Administração Interna, Direitos humanos e eficácia policial: sistemas de controlo da actividade policial, Seminário Internacional em Lisboa, em Novembro de 1998, Lisboa: IGAI, 1999, p. 27.

34  *As Lesões Contra a Vida e Contra a Integridade Física dos Cidadãos*

A referência à defesa da legalidade democrática deve ser entendida como a garantia do respeito e cumprimento das leis em geral, no que concerne à vida colectiva[9].

A prossecução da garantia da segurança interna, no entender de Germano Marques da Silva[10], respeita não só à prevenção da criminalidade como também à «prevenção de acidentes». A segurança interna deve aqui ser entendida de acordo com a definição constante do art. 1.º, n.º 1, da Lei de Segurança Interna (LSI) – aprovada pela Lei n.º 53/2008, de 29 de Agosto – segundo a qual "a segurança interna é a actividade desenvolvida pelo Estado para garantir a ordem, a segurança e a tranquilidade públicas, proteger pessoas e bens, prevenir e reprimir a criminalidade e contribuir para assegurar o normal funcionamento das instituições democráticas, o regular exercício dos direitos, liberdades e garantias fundamentais dos cidadãos e o respeito pela legalidade democrática". A garantia da segurança interna surge aqui como contraponto à segurança contra ameaças externas desenvolvida pelas Forças Armadas.

A incumbência da polícia em garantir os direitos dos cidadãos deve ser analisada em articulação com a garantia da segurança interna. Ela consiste numa «das vertentes da obrigação de protecção pública dos direitos fundamentais (…), constituindo o Estado na obrigação de proteger os cidadãos contra a agressão de terceiros aos seus direitos»[11].

A Lei de Segurança Interna, no seu art.25.º, n.º 2, define as forças e serviços de segurança incumbidos de exercer funções de segurança interna, destacando na alínea b) a Polícia de Segurança Pública.

A orgânica da Polícia de Segurança Pública (OPSP) – aprovada pela Lei n.º 53/2007, de 31 de Agosto – no seu art. 1.º, n.º 2, estabelece como missão desta polícia "assegurar a legalidade democrática, garantir a segurança interna e os direitos dos cidadãos, nos termos da Constituição e na lei", entendendo-se esta lei como a Lei de Segurança Interna.

No mesmo sentido, o art. 3.º, n.º 1, da OPSP, prevê que "Em situações de normalidade institucional, as atribuições da PSP são as decorrentes da legislação de segurança interna e, em situações de excepção, as resultantes da legislação sobre defesa nacional e sobre o estado de sítio

---

[9] Gomes Canotilho; Vital Moreira, *Constituição da República Portuguesa Anotada*, 3.ª Ed., Coimbra: Coimbra Editora, 1993, p. 272.

[10] Germano Marques da Silva, *Ética policial e sociedade democrática*, Lisboa: Instituto Superior de Ciências Policiais e Segurança Interna, 2001, p. 61.

[11] Gomes Canotilho; Vital Moreira, *op. cit.*, p. 955.

I. Introdução                                                                 35

e de emergência". O n.º 2 do mesmo preceito enumera de forma taxativa a panóplia de competências genéricas da PSP: "garantir as condições de segurança que permitam o exercício dos direitos e liberdades e o respeito pelas garantias dos cidadãos, (…) o pleno funcionamento das instituições democráticas"; "(...) a ordem e a tranquilidade públicas e a segurança e a protecção das pessoas e dos bens"; "prevenir a criminalidade em geral (…)"; "prevenir a prática dos demais actos contrários à lei e aos regulamentos"; "investigação criminal e contra-ordenacional (…); "cumprimento das leis e regulamentos relativos à viação terrestre e aos transportes rodoviários (…)"; "garantir a execução de actos administrativos (…)"; "(…) controlo de entrada e saída de pessoas e bens do território nacional"; "proteger, socorrer e auxiliar os cidadãos (…)"; "(…) a vigilância e a protecção de pontos sensíveis (…)"; "(…)segurança nos espectáculos (…)"; "(…) prevenir e detectar situações de tráfico e consumo de estupefacientes ou outras substâncias proibidas (…)"; "assegurar o cumprimento das disposições legais e regulamentares referentes à protecção do ambiente (…)"; "participar (…) na execução da política externa (…) operações internacionais de gestão civil de crises, de paz (…) cooperação policial internacional (…)"; "(…) formação e informação em matéria de segurança dos cidadãos".

No art. 3.º, n.º 3, da OPSP estão ainda previstas as atribuições da PSP em matéria de licenciamento, controlo e fiscalização do fabrico, armazenamento, comercialização, uso e transporte de armas, munições e explosivos que não pertençam às Forças Armadas e a outras polícias; em matéria de actividades de segurança privada; bem como ao nível da segurança pessoal a altas entidades ou a cidadãos e do intercâmbio internacional de informações relativas a violência no desporto.

### 1.3. Medidas de polícia e emprego de meios coercivos

A prossecução dos objectivos legalmente atribuídos à polícia em geral, e à Polícia de Segurança Pública em particular, implica frequentemente o recurso às denominadas medidas de polícia.

As medidas de polícia começaram por ser definidas, numa perspectiva limitada, como «as providências limitativas da liberdade de certa pessoa ou do direito de propriedade de determinada entidade, aplicadas pelas autoridades administrativas independentemente da verificação e julgamento de transgressão ou contravenção ou da produção de outro acto concretamente delituoso, com o fim de evitar a produção de danos sociais cuja prevenção caiba no âmbito das atribuições da polícia»[12].

Actualmente, as medidas de polícia são consideradas de forma mais abrangente como «actos em que se concretiza a intervenção policial para a realização das suas funções»[13].

Nenhuma das disposições legais relativas às medidas de polícia apresenta uma definição destas mas somente os princípios da sua aplicação e exemplos concretos.

O art. 272.º, n.º 2, da CRP estabelece que "as medidas de polícia são as previstas na lei (...)".

A Lei n.º 53/2008, de 29 de Agosto – Lei de Segurança Interna – reserva todo o seu Capítulo V às medidas de polícia. No art. 28.º daquela lei estão elencadas, de forma taxativa, as medidas gerais de polícia: identificação de pessoas suspeitas (n.º 1, alínea a)); interdição temporária de acesso e circulação de pessoas e meios de transporte (*idem*, alínea b)); evacuação ou abandono temporários de locais ou meios de transporte (*idem*, alínea c)); remoção de objectos, veículos ou outros obstáculos que impeçam ou condicionem ilegalmente a circulação (n.º 2). As medidas especiais de polícia estão previstas, também de forma taxativa, no art. 29.º daquela lei. Nelas incluem-se a realização de buscas e revistas em viaturas ou espaços públicos; a apreensão temporária de armas, munições, explosivos e substâncias ou objectos proibidos; a fiscalização de estabelecimentos e outros locais públicos ou abertos ao público; a vistoria e instalação de equipamentos de segurança; o encerramento de paióis, depósitos ou fábricas de armamento ou explosivos; a revogação ou suspensão de autorizações aos titulares de paióis, depósitos ou fábricas de armamento ou explosivos; o encerramento temporário de estabelecimentos destinados à venda de armas ou explosivos; a cessação de actividades de empresas, grupos, organizações ou associações que se dediquem ao terrorismo ou à criminalidade violenta ou altamente organizada; a inibição de difusão a partir de sistemas de radiocomunicações e o isolamento electromagnético ou o barramento de serviços telefónicos em determinados espaços.

No caso particular da PSP, a Lei n.º 53/2007, de 31 de Agosto – Orgânica da PSP – no art. 12.º, n.º 1, preceitua de forma abstracta que "a PSP utiliza as medidas de polícia legalmente previstas e nas condições e termos da Constituição e da lei de segurança interna (...)".

---

[12] Marcelo Caetano, *op. cit.*, p. 1170.
[13] Germano Marques da Silva, *op. cit.*, p. 62.

De igual modo, ao nível do Código de Processo Penal (CPP), quando os agentes actuam na qualidade de órgãos ou autoridades de polícia criminal, estão previstas várias medidas de polícia, nomeadamente, a identificação de suspeitos e o pedido de informações relativas a crimes (art. 250.º), a realização de revistas e buscas sem prévia autorização da autoridade judiciária (art. 251.º) e a apreensão de correspondência (art. 252.º).

A concretização de quaisquer medidas de polícia, mesmo aquelas que à partida são do foro administrativo (*e.g.*, um despejo camarário) implica frequentemente a utilização de meios coercivos por parte dos agentes policiais.

As referências legais relativas aos meios coercivos são feitas de um modo totalmente abstracto. No caso da Polícia de Segurança Pública existe um regulamento específico que define em concreto quais os meios coercivos ao dispor desta força, bem como os princípios e os procedimentos subjacentes à sua utilização. Este regulamento é a Norma de Execução Permanente (NEP) n.º OPSEG/DEPOP/01/05, da DNPSP, de 01 de Junho de 2004, que aprovou os Limites ao Uso de Meios Coercivos (LUMC) e que se aplica a todos os funcionários PSP.

O Capítulo 1 – Parte Geral – da NEP LUMC define como uso de meios coercivos a aplicação da simples força física ou a utilização de materiais, equipamentos, armas e/ou técnicas, com o objectivo de anular qualquer ameaça actual e ilícita, quando tal se afigure estritamente necessário e na justa medida exigida para atingir um objectivo legalmente previsto (n.º 2, alínea a)).

Neste regulamento prevê-se a existência de dois tipos de meios coercivos: os meios coercivos de baixa potencialidade letal e os meios coercivos de elevada potencialidade letal.

São considerados meios coercivos de baixa potencialidade letal os equipamentos e as técnicas que, ao serem utilizados nos termos da NEP LUMC, não são susceptíveis de causar a morte (n.º 2, alínea b)).

São considerados meios coercivos de elevada potencialidade letal as armas de fogo e os demais meios menos gravosos que sejam utilizados por forma, ou sobre determinadas áreas corporais, de modo a provocar a morte ou ofensa à integridade física grave (n.º 2, alínea c)).

No Capítulo 2 da NEP LUMC estão enumerados as armas e os meios coercivos de baixa potencialidade letal, por ordem crescente do seu nível de perigosidade:

*a)* Técnicas de "mãos vazias" de restrição ou impacto: técnicas de defesa policial de controlo, de restrição, e de impacto, aplicadas sem recurso a qualquer arma ou objecto;

38  *As Lesões Contra a Vida e Contra a Integridade Física dos Cidadãos*

*b)* Algemas metálicas ou outros dispositivos de algemagem: equipamentos que se destinam a restringir os movimentos das pessoas, através da sua manietação, aqui se englobando as vulgares algemas de metal, as abraçadeiras de plástico, os cordões de nylon e os vulgares cintos com fivela;

*c)* Gases neutralizantes: quaisquer gases químicos ou naturais distribuídos pela PSP, projectados através de sprays sob a forma de nuvem, cone ou jacto, cuja utilização visa a incapacitação física momentânea do visado. Actualmente é utilizado o gás "OCSpray";

*d)* Armas ou dispositivos eléctricos imobilizantes ou atordoantes: instrumentos que permitem desferir descargas eléctricas de potência e efeitos controlados com o intuito de incapacitar instantaneamente e de forma temporária os suspeitos. Ainda só foram distribuídos ao Grupo de Operações Especiais (GOE) para realização de testes de adequação;

*e)* Bastão policial: meio básico de aplicação de técnicas de impacto. Pode ser igualmente empregue como instrumento de controlo, restrição e condução de suspeitos. O mais utilizado é o bastão policial extensível de metal;

*f)* Munições menos letais: munições cuja carga são projécteis especiais, geralmente não metálicos. Destinam-se a ser disparados por armas igualmente especiais ou ordinárias, com o objectivo de provocar um nível de dor que permita controlar os suspeitos sem lhe provocar ofensas físicas graves ou causar perigo para a vida;

*g)* Dispositivos *flash bang*: granadas e petardos que produzem em simultâneo estrondo e clarão, e estão reservados para ocorrências de alteração da ordem pública ou incidentes táctico-policiais (e.g., atentados, sequestro e tomada de reféns);

*h)* Canhões de água: instrumentos mecânicos destinados a projectarem jactos de água com grande pressão para serem utilizados em ocorrências de alteração da ordem pública nas quais esteja envolvido um número elevado de indivíduos;

*i)* Canídeos: cães especialmente treinados para acções de patrulhamento, investigação criminal, manutenção e reposição da ordem pública;

*j)* Sistemas de imobilização de veículos em fuga: meios que permitem fazer parar viaturas em fuga. Os mais comuns são as lagartas metálicas, as barreiras com viaturas automóveis, as barreiras em rede flexíveis e os sistemas de interferência eléctrica à distância.

## I. Introdução

Os Capítulos 3 e 4 da NEP LUMC regulamentam a utilização de armas de fogo em acções desenvolvidas pela PSP.

O regime legal do uso de armas de fogo em acções de serviço desenvolvidas por todas as entidades e todos os agentes definidos pelo Código de Processo Penal como órgãos e autoridades de polícia criminal está especificamente estabelecido no DL n.º 457/99, de 05 de Novembro.

O art. 3.º, n.º 1, do DL n.º 457/99, de 05 de Novembro estabelece as circunstâncias em que os agentes estão legitimados a realizar "recurso a arma de fogo". Trata-se de um tipo de recurso que consiste na realização de disparos para o ar, contra coisas ou contra animais, mas nunca contra pessoas[14].

Os disparos previstos neste n.º 1 são realizados com o intuito de alcançar uma ou mais das seguintes finalidades: " repelir agressão actual e ilícita dirigida contra o próprio agente da autoridade ou contra terceiros" (al. a)); " efectuar a captura ou impedir a fuga de pessoa suspeita de haver cometido crime punível com pena de prisão superior a três anos ou que faça uso ou disponha de armas de fogo, armas brancas (…)" (al. b)); "efectuar a captura de pessoa evadida ou objecto de mandado de detenção (…)" (al. c)); " libertar reféns ou pessoas raptadas ou sequestradas" (al. d)); "suster ou impedir grave atentado contra instalações do Estado ou de utilidade pública (…)" (al. e)); "vencer a resistência violenta à execução de um serviço (…)" (al. f)); "abate de animais (…)" (al.g)); "como meio de alarme ou pedido de socorro, numa situação de emergência (…)" (al. h)); "quando a manutenção da ordem pública assim o exija (…)" (al. i)).

No n.º 2 do mesmo preceito é feita uma enumeração taxativa das circunstâncias em que os agentes de autoridade podem realizar "recurso a arma de fogo contra pessoas". Como a própria designação indica, este preceito refere-se a situações em que, no limite, é legítimo o elemento policial realizar disparos contra o corpo de uma pessoa. Esses disparos podem ser realizados para alcançar uma de três finalidades: repelir uma agressão actual e ilícita dirigida contra o agente policial ou contra terceiros, desde que essa agressão represente para eles perigo iminente de morte ou de ofensa à integridade física grave; prevenir a prática de crime particularmente grave que ameace vidas humanas; deter ou impedir a fuga de qualquer pessoa que represente ameaça para vidas humanas.

---

[14] TAIPA DE CARVALHO, *Direito Penal Parte Geral: teoria geral do crime*, Porto: Publicações Universidade Católica, 2004, pp. 208-219.

40  *As Lesões Contra a Vida e Contra a Integridade Física dos Cidadãos*

O Capítulo 3, n.º 4, da NEP LUMC, por seu lado, enquanto instrumento de regulamentação do DL n.º 457/99, de 05 de Novembro, estabelece a existência de três tipos distintos de recurso a arma de fogo:

*a)* Recurso passivo: consiste no simples empunhamento da arma com o objectivo de persuadir ou dissuadir um ou mais suspeitos a determinado comportamento, sem que seja efectuado qualquer disparo;

*b)* Recurso efectivo: consiste na realização de um disparo como meio de advertência ou intimidação, contra coisas ou animais, ou como meio de alarme;

*c)* Recurso efectivo contra pessoas: consiste na execução de um ou mais disparos com o intuito de atingir pessoas, nos casos previstos no n.º 2 do art. 3.º do DL n.º 457/99, de 05 de Novembro.

No n.º 5 do mesmo capítulo considera-se a existência de dois subtipos de recurso efectivo contra pessoas, respectivamente, recurso efectivo contra pessoas de menor perigosidade e recurso efectivo contra pessoas de elevada perigosidade, consoante são atingidos os membros superiores ou inferiores, ou o resto do corpo.

No Capítulo 4 do LUMC está regulamentado o recurso a armas de fogo durante fugas e perseguições de suspeitos apeados ou que recorram a veículos motorizados. No n.º 3 deste capítulo estabelece-se como regra para estas situações a proibição de realização de qualquer tipo de recurso a armas de fogo, exceptuando-se, por exemplo, as situações que se enquadrem no n.º 2 do art. 3.º do DL n.º 457/99, de 05 de Novembro.

### 1.4. Graus de ameaça e níveis de força

A NEP LUMC estabelece igualmente parâmetros para a utilização de meios coercivos com base na ponderação entre o perigo que advém para os elementos policiais ou terceiros das acções dos suspeitos e o tipo de reacção correspondente dos elementos policiais. Estes dois factores são designados, respectivamente, graus de ameaça e níveis de força.

No Capítulo 1 da NEP LUMC, grau de ameaça é definido como o "perigo resultante da possibilidade de ocorrência de acções violentas, ou de acções violentas já concretizadas, por infractores, dirigidas aos elementos policiais ou a terceiros". De igual modo, estabelece-se que o nível de força corresponde à reacção adoptada pelo agente de autoridade para fazer cessar determinado grau de ameaça resultante da acção de um suspeito.

A necessidade de ponderação entre a acção do suspeito e a reacção do elemento policial faz com que a cada grau de ameaça corresponda um determinado nível de força.

Na NEP LUMC considera-se a existência de quatro graus de ameaça distintos: nulo, baixo, médio e elevado.

Em acções que representam um grau de ameaça nulo o cidadão não representa qualquer tipo de ameaça em virtude de colaborar sempre com o elemento policial, cumprindo todas as suas ordens e indicações.

Nos casos de grau de ameaça baixo o infractor não colabora com o elemento policial, desrespeitando as suas ordens e recusando ser conduzido ou dominado. Pode adoptar reacções verbais e resistência física às acções do agente mas sem intenção de o agredir.

Nas situações que consubstanciam um grau de ameaça médio, o infractor resiste activamente, recusando ser conduzido pelo agente policial, demonstrando intenção de o agredir ou concretizando actos de agressão, socorrendo-se ou não de objectos ou armas que não de fogo. Aqui se incluem agarres e tentativas de manietar o elemento policial por parte do sujeito da ameaça.

Finalmente, em circunstâncias em que a acção do suspeito representa um grau de ameaça elevado, ele tenta realizar ou consegue concretizar acções que representam risco de ofensa à integridade física grave ou perigo de morte para o agente policial ou para terceiros. Enquadram-se neste caso todas as situações de recurso a quaisquer armas (de fogo ou não) ou objectos susceptíveis de representar aquele perigo.

A estes quatro graus de ameaça corresponde o mesmo número de níveis de força: muito baixo, baixo, médio e elevado.

O nível de força muito baixo é adequado para as situações em que o indivíduo representa um grau de ameaça nulo. Nestes casos, o agente de autoridade limita-se a dar ordens ao infractor, eventualmente acompanhando-o pelo braço.

O nível de força baixo está indicado para os casos em que o prevaricador representa para o agente ou para terceiros um grau de ameaça baixo. O elemento policial pode proceder à algemagem do suspeito e aplicar-lhe técnicas de defesa policial que consistam na restrição de movimentos nas articulações e/ou na execução de pressão em zonas corporais sensíveis. Para qualquer destas possibilidades, o agente não está legitimado a concretizar quaisquer impactos no corpo do infractor.

42    *As Lesões Contra a Vida e Contra a Integridade Física dos Cidadãos*

O nível de força médio é apropriado para responder a indivíduos que manifestem intenção inequívoca de agredir o agente policial ou terceiro ou que nestes concretizem uma agressão, recorrendo ou não a armas (que não de fogo). Nestas circunstâncias, o agente policial pode desferir impactos em partes do corpo do suspeito que não alojem órgãos vitais, socorrendo-se dos seus membros ou do bastão policial. Pode igualmente aplicar gases com efeito neutralizante, armas eléctricas imobilizantes ou atordoantes e realizar disparos de cartuchos com munições de borracha.

O nível de força elevado é reservado a situações em que a acção do suspeito represente um grau de ameaça elevado. Neste nível, o agente de autoridade pode desferir impactos socorrendo-se ou não de uma arma ou objecto, aplicar gases com efeito neutralizante e armas eléctricas imobilizantes ou atordoantes e realizar disparos de cartuchos com munições de borracha para zonas corporais que alojam órgãos vitais ou para as articulações dos membros. No limite, o agente pode recorrer à sua arma de fogo, disparando sobre o prevaricador de modo a provocar-lhe o mínimo de lesões e danos.

## 1.5. Princípios enformadores da actividade policial

Num Estado de Direito, como Portugal, a actividade policial é desenvolvida de acordo com um conjunto de princípios fundamentais plasmados em normativos legais e regulamentares, nacionais ou internacionais.

A Resolução 690, relativa à Declaração Sobre a Polícia, aprovada pela Assembleia Parlamentar do Conselho da Europa, em 8 de Maio de 1979, estabelece no n.º 12 da parte A (Deontologia) que "ao desempenhar a sua função, o funcionário de polícia deve agir com toda a determinação necessária sem nunca recorrer à força mais do que seria necessário para cumprir a tarefa exigida ou autorizada pela lei".

O art. 3.º do Código de Conduta das Nações Unidas para os Responsáveis pela Aplicação das Leis, adoptado pela Assembleia Geral das Nações Unidas (Resolução 34/169), em 17 de Dezembro de 1979, dispõe que "os responsáveis pela aplicação das leis podem recorrer à força unicamente quando é estritamente necessário e na medida exigida pelo cumprimento das suas funções".

No 8.º Congresso das Nações Unidas para a Prevenção do Crime e o Tratamento de Delinquentes, realizado em Havana entre 27 de Agosto e 7 de Setembro de 1990, foram adoptados os princípios básicos sobre a utilização da força e das armas de fogo pelos funcionários responsáveis

# I. Introdução

pela aplicação da lei. De entre estes princípios, estabelece-se, por exemplo, que "os funcionários responsáveis pela aplicação da lei, no exercício das suas funções, devem, na medida do possível, recorrer a meios não violentos antes de utilizarem a força ou armas de fogo". De igual modo, se estabelece que os mesmos funcionários "só poderão recorrer à força ou a armas de fogo se outros meios se mostrarem ineficazes ou não permitirem alcançar o resultado desejado", e que "sempre que o uso legítimo da força ou de armas de fogo seja indispensável, os funcionários (...) devem: utilizá-las com moderação e a sua acção deve ser proporcional à gravidade da infracção e ao objectivo legítimo a alcançar".

O Código Europeu de Ética de Polícia (Recomendação 10/2001, do Comité de Ministros do Conselho da Europa) dispõe no sentido de o recurso à força se limitar aos casos de absoluta necessidade e para alcançar um fim legítimo.

Os princípios emanados destas instâncias internacionais têm igualmente previsão na lei portuguesa.

O art. 266.º, n.º 2, da CRP, estabelece que "os órgãos e agentes administrativos estão subordinados à Constituição e à lei e devem actuar, no exercício das suas funções, com respeito pelos princípios (...), da proporcionalidade (...)".

Preceituando especificamente sobre as medidas de polícia, o art. 272.º, n.º 2, da CRP, determina que aquelas medidas "são as previstas na lei, não devendo ser utilizadas para além do estritamente necessário". O n.º 3 do mesmo artigo estabelece que "a prevenção dos crimes (...) só pode fazer-se com observância das regras gerais sobre polícia e com respeito pelos direitos, liberdades e garantias dos cidadãos".

A Lei de Segurança Interna, no seu art. 2.º, estabelece os princípios fundamentais da actividade de segurança interna, dispondo que esta "pauta-se pela observância dos princípios do Estado de direito democrático, dos direitos, liberdades e garantias e das regras gerais de polícia" (n.º1) e que "as medidas de polícia são as previstas nas leis, não devendo ser utilizadas para além do estritamente necessário e obedecendo a exigências de adequação e proporcionalidade" (n.º 2).

A Orgânica da Polícia de Segurança Pública, no seu art. 12.º, n.º 1, parte final, estabelece que a PSP não pode "impor restrições ou fazer uso dos meios de coerção para além do estritamente necessário".

O Código Deontológico do Serviço Policial, aprovado pela Resolução do Conselho de Ministros n.º 37/2002, DR. IS, B, de 28 de Fevereiro, aplicável aos militares da GNR e ao pessoal da PSP no exercício das suas funções policiais, dispõe no art. 8.º que "os membros das Forças de

Segurança usam os meios coercivos adequados à reposição da legalidade e da ordem pública só quando estes se mostrem indispensáveis, necessários e suficientes ao bom cumprimento das suas funções e estejam esgotados os meios de persuasão e de diálogo" (n.º 1). Estabelece-se ainda neste preceito que os membros das Forças de Segurança "só devem recorrer ao uso da força nos casos expressamente previstos na lei, quando este se revele legítimo, adequado, estritamente necessário e proporcional ao objectivo visado" (n.º 2). Estipula também que "os membros das Forças de Segurança devem evitar o recurso a armas de fogo, salvo quando tal se afigure estritamente necessário, adequado e exista comprovadamente perigo para as suas vidas ou integridade física de terceiros" (n.º 3)

O DL n.º 457/99, de 05 de Novembro, no seu art. 2.º, n.º 1, determina que "o recurso a armas de fogo só é permitido em caso de absoluta necessidade, como medida extrema, quando outros meios menos perigosos se mostrem ineficazes, e desde que proporcionado às circunstâncias".

A NEP LUMC estabelece como princípios gerais de aplicação dos meios coercivos, entre outros, a legalidade, a necessidade, a adequação e a proporcionalidade em sentido estrito.

No cômputo dos instrumentos apresentados pode concluir-se o seguinte: a polícia só pode utilizar os meios coercivos legalmente previstos, tem de utilizá-los segundo os limites que a lei impõe, e só faz uso deles no caso de se revelarem estritamente necessários, empregando-os de modo proporcionado às circunstâncias. Estas premissas traduzem os três princípios fundamentais do emprego de meios coercivos pelas polícias em geral e, consequentemente, também pela Polícia de Segurança Pública, a saber: o princípio da tipicidade legal, o princípio da legalidade e o princípio da proporcionalidade.

### 1.5.1. *Princípio da tipicidade*

O princípio da tipicidade legal impõe que somente são admissíveis as medidas de polícia que estejam tipificadas na lei.

Isto significa que as acções da polícia, para além de «terem um fundamento necessário na lei» têm igualmente de estar taxativamente previstas na letra da lei, através de uma enumeração individualizada[15].

---

[15] GOMES CANOTILHO; VITAL MOREIRA, *op. cit.*, p. 956.

*I. Introdução* 45

Ao contrário, dir-se-á que as medidas que não estiverem taxativamente enumeradas na lei não podem ser aplicadas, simplesmente porque, legalmente, não existem.

Este princípio está plasmado no art. 272.º, n.º 2, da CRP, quando se estabelece que "as medidas de polícia são as previstas na lei (…)". De salientar aqui o emprego do artigo definido "as" com o intuito de significar aquelas e somente aquelas medidas que estejam previstas na letra da lei.

A lei em sentido lato a que se refere este preceito fundamental é a Lei de Segurança Interna que, tal como foi referido já em 1.3., prevê no art. 28.º e no art. 29.º, respectivamente, as medidas gerais de polícia e as medidas especiais de polícia.

### 1.5.2. *Princípio da legalidade*

Este princípio não se confunde com o princípio da tipicidade. A tipicidade significa que as medidas de polícia têm de estar previstas, têm de estar positivadas na lei. A legalidade, por seu lado, significa que a aplicação das medidas legalmente previstas tem de ser feita nos moldes e dentro dos limites impostos pela lei[16].

O princípio da legalidade está previsto, nomeadamente, no art. 272.º, n.º 3, da CRP, que dispõe que "a prevenção de crimes, incluindo os crimes contra a segurança do Estado, só pode fazer-se com observância das regras gerais sobre polícia e com respeito pelos direitos, liberdades e garantias dos cidadãos".

No mesmo sentido, o art. 12.º, n.º 1 da OPSP estabelece que "a PSP utiliza as medidas de polícia (…) nas condições e termos da Constituição e da lei de segurança interna. Isto significa que as medidas de polícia não poderão nunca contrariar as disposições legais a elas referentes. Por exemplo, se o DL n.º 457/99, de 05 de Novembro, somente permite que seja efectuado um disparo contra uma pessoa quando esta desenvolva uma agressão actual e ilícita que represente, para o agente ou para terceiro, perigo de morte ou de ofensa grave à integridade física, jamais qualquer agente estará legitimado a realizar o mesmo tipo de recurso se a agressão existir mas não representar aqueles perigos. Se o fizer estará a cometer uma acção ilegal, contrária ao disposto na lei.

---

[16] Cf. Manuel Monteiro Guedes Valente, *Teoria Geral do Direito Policial*, Lisboa: Almedina, 2005, pp. 86-91.

## 46 *As Lesões Contra a Vida e Contra a Integridade Física dos Cidadãos*

### 1.5.3. *Princípio da proporcionalidade ou princípio da proibição do excesso*

O princípio da proporcionalidade ou princípio da proibição do excesso, no entender de Jorge Miranda[17], «está sobretudo ao serviço da limitação do poder político, enquanto instrumento de funcionalização de todas as actuações susceptíveis de contenderem com o exercício de direitos ou com a adstrição a deveres».

Na mesma senda, Jorge Novais[18] defende que este princípio constitui actualmente «a referência fundamental do controlo da actuação dos poderes públicos em Estado de Direito, assumindo, particularmente no âmbito dos limites aos direitos fundamentais, o papel de principal instrumento de controlo da actuação restritiva da liberdade individual (...)».

Na doutrina actual, este princípio é apresentado em sentido lato como sendo constituído por três corolários: o princípio da necessidade ou da exigibilidade, o princípio da adequação ou da idoneidade e o princípio da proporcionalidade em sentido estrito ou da justa medida[19].

Ao nível jurisprudencial é geralmente seguida igualmente esta abordagem ao princípio da proporcionalidade. No Acórdão n.º 634/93, do Tribunal Constitucional, pode ler-se que «o princípio da proporcionalidade desdobra-se em três subprincípios: princípio da adequação (...); princípio da exigibilidade (...); princípio da justa medida ou proporcionalidade em sentido estrito (...)»[20].

Segundo o princípio da necessidade, também designado princípio da exigibilidade ou da indispensabilidade, todas as acções policiais restritivas devem configurar-se como necessárias (exigíveis), de tal modo que os fins visados não poderiam ser alcançados por outros meios menos gravosos para os direitos, liberdades e garantias daqueles a quem são aplicados. Daqui decorre que, de entre os meios coercivos idóneos à prossecução de qualquer objectivo, deverão ser sempre empregues aqueles que produzam efeitos menos restritivos.

---

[17] JORGE MIRANDA, *Manual de Direito Constitucional*, Tomo IV, 2.ª Ed., Reimpressão, s.l.: Coimbra Editora, 1998, p. 216.

[18] JORGE REIS NOVAIS, *Os princípios constitucionais estruturantes da República Portuguesa*, s.l.: Coimbra Editora, 2004, p. 161.

[19] GOMES CANOTILHO; VITAL MOREIRA, *op. cit.*, p. 955. No mesmo sentido, JORGE MIRANDA, *op. cit.*, p. 218; MANUEL MONTEIRO GUEDES VALENTE, *op. cit.*, pp. 91-98. Numa perspectiva mais ampla mas menos seguida, veja-se JORGE REIS NOVAIS, *op. cit.*, pp. 167-194.

[20] TRIBUNAL CONSTITUCIONAL, *Acórdãos do Tribunal Constitucional*, 26.º Vol., pp. 205 e sgs, *apud* JORGE REIS NOVAIS, *op. cit.*, p. 197.

*I. Introdução* 47

O princípio da adequação, também designado pela doutrina como princípio da idoneidade ou da aptidão, implica que as medidas restritivas tomadas pela Polícia se constituam como o meio mais adaptado à prossecução dos fins visados pela lei.

Finalmente, o princípio da proporcionalidade em sentido estrito obriga a que as acções e os meios da Polícia não possam ser desproporcionados ou excessivos, em relação aos fins pretendidos. Implica que haja uma justa medida entre o sacrifício imposto pela restrição e o fim pretendido. Nas palavras de Jorge Miranda[21], este princípio obriga a «que a providência não fica aquém ou além do que importa para se obter um resultado devido, nem mais, nem menos (…)».

Ao nível da CRP, a exigência da observância do princípio da proporcionalidade está presente em preceitos que versam sobre âmbitos específicos, por vezes com variâncias semânticas que reflectem a própria evolução do conceito de proporcionalidade[22].

A exigência genérica de proporcionalidade na restrição de direitos, liberdades e garantias resulta desde logo do n.º 2 do art. 18.º da CRP. Este preceito determina que "a lei só pode restringir os direitos, liberdades e garantias nos casos expressamente previstos na Constituição, devendo as restrições limitar-se ao necessário para salvaguardar outros direitos ou interesses constitucionalmente protegidos".

A suspensão do exercício dos direitos, liberdades e garantias dos cidadãos, de acordo com o art. 19.º, n.º 1, da CRP apenas poderá ocorrer nos caso da declaração do estado de sítio ou de estado de emergência. O n.º 4 deste preceito estabelece que "a opção pelo estado de sítio ou pelo estado de emergência, bem como as respectivas declaração e execução, devem respeitar o princípio da proporcionalidade e limitar-se, nomeadamente quanto às suas extensão e duração e aos meios utilizados, ao estritamente necessário ao pronto restabelecimento da normalidade constitucional".

A polícia, enquanto entidade pertencente à Administração Pública, rege-se pelos seus princípios fundamentais gerais. Sobre estes versa o art. 266.º da CRP, cujo n.º 2 estabelece que "os órgãos e agentes administra-

---

[21] JORGE MIRANDA, *op. cit.*, p. 216.

[22] VITALINO CANAS, *O princípio da proibição do excesso na Constituição: arqueologia e aplicações*, In: JORGE MIRANDA, AFONSO D'OLIVEIRA MARTINS, ARMINDO RIBEIRO MENDES, *et. al.*, Perspectivas constitucionais nos 20 anos da Constituição de 1976, Vol. II, Coimbra: Coimbra Editora, 1997, pp. 350-357.

## 48 As Lesões Contra a Vida e Contra a Integridade Física dos Cidadãos

tivos estão subordinados à Constituição e à lei e devem actuar, no exercício das suas funções, com respeito pelos princípios (…), da proporcionalidade, (…)."

O preceito que positiva a existência constitucional da polícia é o art. 272.º da CRP. No seu n.º 2, 2.ª parte, estabelece-se que as medidas de polícia, e por consequência, também os meios coercivos, não devem "ser utilizadas para além do estritamente necessário".

A aplicação do princípio da proporcionalidade à actividade policial está igualmente consagrada no direito infraconstitucional.

O art. 12.º, n.º 1, da OPSP, obriga a PSP a não "impor restrições ou fazer uso dos meios de coerção para além do estritamente necessário".

No mesmo sentido, o art. 2.º, n.º 2, do DL n.º 457/99, de 05 de Novembro, limita o recurso a arma de fogo a casos "de absoluta necessidade, como medida extrema, quando outros meios menos gravosos se mostrem ineficazes, e desde que proporcionado às circunstâncias".

Ao nível restrito da PSP, impõe-se, finalmente, destacar uma vez mais a NEP LUMC que, no Capítulo 1, estabelece que o uso de meios coercivos está limitado pelos princípios da necessidade, da adequação e da proporcionalidade em sentido estrito.


## 2. DA CARACTERIZAÇÃO DOS CRIMES DE HOMICÍDIO E DE OFENSAS À INTEGRIDADE FÍSICA

### 2.1. Crimes de homicídio

Os crimes de homicídio são apresentados na Parte Especial do Código Penal (CP) – Capítulo I do Título I – como crimes contra a vida. O bem protegido com a sua incriminação é a vida de qualquer pessoa já nascida[23].

Estes crimes são considerados crimes materiais ou de resultado. Isto significa que a sua consumação implica a verificação de um certo resultado, neste caso, matar outra pessoa, que constitui o elemento objectivo do crime[24].

---

[23] FIGUEIREDO DIAS In: FIGUEIREDO DIAS; TAIPA DE CARVALHO; MEDINA SEIÇA; *et al.*, Comentário Conimbricense ao Código Penal: Parte Especial, s.l: Coimbra Editora, 1999, p. 5.

[24] TERESA BELEZA, *Direito Penal*, 2.º Vol., Lisboa: Associação Académica da Faculdade de Direito de Lisboa, 2000, p. 116.

*I. Introdução* 49

De salientar que a imputação deste resultado ao agente não requer o aparecimento de um corpo, bastando que haja a «prova segura» de que ocorreu a morte de alguém[25].

No que concerne ao elemento subjectivo dos crimes de homicídio, consideram-se dois tipos fundamentais: dolosos e negligentes.

Nos homicídios dolosos admite-se qualquer forma de dolo: directo, necessário ou eventual[26]. Isto significa que, nestes casos, não se exige «que a intenção do agente tenha sido efectivamente a de matar a vítima», sendo suficiente que o mesmo tenha admitido tal hipótese e, ainda assim, tenha concretizado a sua acção e se tenha conformado com tal resultado[27]. Aqui se incluem, por exemplo, o homicídio simples, o homicídio qualificado e o homicídio privilegiado.

Relativamente ao tipo negligente, existe uma diminuição da culpa do agente[28]. Aqui se enquadra em especial o homicídio negligente.

Para além desta graduação em função da culpa, ou seja, de acordo com a «atitude interna» do agente, os homicídios são apresentados igualmente segundo um critério de ilicitude, na medida em que se atende à «danosidade do comportamento» do agente[29].

De entre os crimes de homicídio previstos no Código Penal, serão somente abordados os crimes de homicídio simples, homicídio qualificado, homicídio privilegiado e homicídio por negligência, em virtude de os restantes tipos não se enquadrarem no âmbito deste estudo.

### 2.1.1. *Homicídio*

Este crime (art. 131.º do CP), considerado como de homicídio simples, consubstancia «o tipo legal fundamental dos crimes contra a vida»,

---

[25] LEAL HENRIQUES; SIMAS SANTOS, *Código Penal: Referência Doutrinárias. Indicações Legislativas.* Resenha Jurisprudencial. 2.ª Ed., Vol. II., Lisboa: Rei dos Livros, s.d., p. 19.

[26] FIGUEIREDO DIAS In: FIGUEIREDO DIAS; TAIPA DE CARVALHO; MEDINA SEIÇA; *et al.*, *op. cit.*, p. 5; Maia Gonçalves, *Código Penal Português anotado e comentado*, 15.ª Ed., Coimbra: Almedina, 2002, p. 451.

[27] FERNANDO SILVA, *Direito Penal Especial: Crimes Contra as Pessoas*, Lisboa: Quid Júris Sociedade Editora, 2005, p. 47.

[28] Cf. FERNANDO SILVA, *op. cit.*, p. 41.

[29] MARIA PEREIRA; AMADEU FERREIRA, *Direito Penal II: Os Homicídios*, Vol. II, Lisboa: Associação Académica da Faculdade de Direito da Universidade de Lisboa, 1998, p. 27.

50    *As Lesões Contra a Vida e Contra a Integridade Física dos Cidadãos*

podendo por isso ser considerado a incriminação base das demais formas de homicídio[30].

Relativamente aos meios utilizados para a concretização do crime de homicídio, a lei não prevê o seu elenco, pelo que se entende que pode-rão ser quaisquer, directos ou indirectos, empregues por acção ou omissão[31].

### 2.1.2. *Homicídio qualificado*

O homicídio qualificado (art.132.º do CP), na opinião de Figueiredo Dias, é «uma forma agravada do homicídio simples previsto no art. 131.º»[32].

Para a qualificação deste crime, o legislador adoptou a técnica legislativa dos exemplos-padrão, combinando a previsão genérica de um tipo especial de culpa consubstanciada na "especial censurabilidade ou perversidade" do agente (n.º1) com a enumeração exemplificativa de cir-cunstâncias que indiciam aquela culpa (n.º2)[33].

A especial censurabilidade a que se refere o n.º 1 pretende indiciar que as circunstâncias em que a morte é provocada são especialmente graves e demonstram uma atitude do agente absolutamente afastada daquilo que são os valores normalmente aceites pela ordem jurídica na-cional. Por seu lado, a especial perversidade traduz qualidades pessoais do agente especialmente desvaliosas que se reflectem nos motivos e nos sentimentos com que ele comete o crime. Teresa Serra[34] sintetiza esta culpa agravada, considerando que a especial censurabilidade refere-se aos aspectos relativos ao facto em si mesmo enquanto que a especial perver-sidade, no essencial, é mais reportada ao agente.

A previsão das circunstâncias do n.º 2 não é taxativa mas sim exem-plificativa, tal como de resto se infere da expressão "entre outras" da letra

---

[30] Figueiredo Dias In: Figueiredo Dias; Taipa de Carvalho; Medina Seiça; *et al.*, *op. cit.*, p. 3.

[31] Maia Gonçalves, *op. cit.*, p. 452.

[32] No mesmo sentido, Maia Gonçalves, *op. cit.*, p. 456 e Fernando Silva, *op. cit.*, p. 48. Em sentido contrário, Teresa Serra defende que se trata de um «caso especial de homicídio doloso» (Teresa Serra, *Homicídio Qualificado: Tipo de Culpa e Medida da Pena*, Coimbra: Almedina, 2003, p. 49).

[33] Teresa Serra, *op. cit.*, p. 59. Cf. Figueiredo Dias In: Figueiredo Dias; Taipa de Carvalho; Medina Seiça; *et al.*, *op. cit.*, pp. 25-26, e Maia Gonçalves, *op. cit.*, p. 456.

[34] Teresa Serra, *op. cit.*, pp. 63-64. Cf. Figueiredo Dias In: Figueiredo Dias; Taipa de Carvalho; Medina Seiça; *et al.*, *op. cit.*, p. 29, e Fernando Silva, *op. cit.*, p. 52.

da lei. Isto significa que, além daquelas que estão enumeradas poderão existir outras que, em concreto, o julgador entenda revelarem especial censurabilidade ou perversidade[35].

De igual modo, a mera verificação de qualquer das circunstâncias previstas não implica a realização automática da culpa do agente. Isto significa a presença de uma das circunstâncias do n.º 2 do art. 132.º apenas indicia – logo, não automatiza – a existência de uma especial censurabilidade ou perversidade do agente. Maria Pereira[36] afirma a este propósito que «quem preenche uma das alíneas do art. 132.º não entra automaticamente no domínio da norma».

A especificidade de cada uma das circunstâncias previstas no n.º 2 do art. 132.º torna importante para este estudo a sua compreensão mais aprofundada. É o que se fará seguidamente.

### a) Ser descendente ou ascendente, adoptado ou adoptante, da vítima

Nesta circunstância requer-se que o agente tenha a consciência da sua relação de parentesco com a vítima e actue de modo a indiciar desprezo pelas «contra-motivações éticas relacionadas com os laços básicos de parentesco» existentes, por exemplo, entre pai e filho[37].

No entender de Fernando Silva[38], poderão aqui enquadrar-se igualmente relações diversas das expressamente previstas, desde que haja uma proximidade e um vínculo entre as pessoas, como acontece, por exemplo, nos casos em que alguém toma a seu cuidado um irmão, um sobrinho ou qualquer pessoa com a qual não tem nenhuma relação familiar.

### b) Praticar o facto contra cônjuge, ex-cônjuge, pessoa de outro ou do mesmo sexo com quem o agente mantenha ou tenha mantido uma relação análoga à dos cônjuges, ainda que sem coabitação, ou contra progenitor de descendente comum em 1.º grau

Este exemplo-padrão, acrescentado na reforma penal de 2007 (Lei n.º 59/2007, de 4 de Setembro), decorre da crescente preocupação de

---

[35] FIGUEIREDO DIAS In: FIGUEIREDO DIAS; TAIPA DE CARVALHO; MEDINA SEIÇA; et al., op. cit., p. 26; Cf. MAIA GONÇALVES, op. cit., p. 457; FERNANDO SILVA, op. cit., p. 59-62; TERESA SERRA, op. cit., p. 49.

[36] MARIA PEREIRA; AMADEU FERREIRA, op. cit., p. 40.

[37] FERNANDA PALMA, Direito Penal: Parte Especial. Crimes Contra as Pessoas. Lisboa, 1983, p. 51.

[38] FERNANDO SILVA, op. cit., pp. 65-66.

protecção de género, especialmente a mulher, quer durante a vigência das relações familiares conjugais ou análogas quer após estas terem cessado, e bem assim das relações entre pessoas do mesmo sexo nas mesmas circunstâncias[39].

### c) Praticar o facto contra pessoa particularmente indefesa, em razão da idade, deficiência, doença ou gravidez

Este exemplo visou proteger as pessoas especialmente indefesas que apresentam uma «situação de desamparo» em razão da sua idade, de deficiência, ou do seu estado de doença ou gravidez[40]. Nestes casos releva não exactamente o facto de a vítima estar em qualquer das situações previstas mas antes a sua indefesa de que se aproveita o agente[41].

### d) Empregar tortura ou acto de crueldade para aumentar o sofrimento da vítima

Neste caso, o agente, intencionalmente, causa a morte em circunstâncias que, em termos de sofrimento para a vítima, se revelam especialmente cruéis e desnecessárias e representam um prolongamento da sua dor[42]. Neste sentido, ele acaba por demonstrar uma «personalidade profundamente maquiavélica» revelada pelo «acentuado desrespeito pela vítima» e pelo alheamento do seu sofrimento[43].

### e) Ser determinado por avidez, pelo prazer de matar ou de causar sofrimento, para excitação ou para satisfação do instinto sexual ou por qualquer motivo torpe ou fútil

A especial motivação do agente prevista nesta alínea, no que respeita à avidez, representa a «pulsão para satisfazer um desejo ilimitado de lucro» em total desprezo pela vida de um terceiro. O prazer de matar ou de causar sofrimento representa a satisfação em tirar a vida a alguém, executando tal acto por mero gosto. A actuação do agente com a determinação de excitação ou satisfação do instinto sexual surge quando a

---

[39] Cf. VICTOR PEREIRA; ALEXANDRE LAFAYETTE, Código Penal Anotado e Comentado, Lisboa: Quid Juris Sociedade Editora, 2008, p. 344.

[40] FIGUEIREDO DIAS, In: FIGUEIREDO DIAS; TAIPA DE CARVALHO; MEDINA SEIÇA; et al., op. cit., p. 31; Cf. MAIA GONÇALVES, op. cit., p. 459.

[41] FERNANDO SILVA, op. cit., p. 67.

[42] Cf. MAIA GONÇALVES, op. cit., p. 459.

[43] FERNANDO SILVA, op. cit., , p. 67.

morte não só permite a libertação da «pulsão sexual» do agente como também a «prática de actos necrófilos» ou «o despertar do instinto sexual». A morte por motivo torpe ou fútil significa que a motivação do agente é repugnante, baixa ou gratuita[44].

*f) Ser determinado por ódio racial, religioso, político ou gerado pela cor, origem étnica ou nacional, pelo sexo ou pela orientação sexual da vítima*

Esta alínea visa garantir o respeito pela diversidade de raças, de religiões e de políticas, de cor de pele, de etnia, de nacionalidade, de género e de orientação sexual, agravando o acto de tirar a vida de alguém com motivações discriminatórias[45].

*g)\Ter em vista preparar, facilitar, executar ou encobrir um outro crime, facilitar a fuga ou assegurar a impunidade do agente de um crime*

A preparação, facilitação, execução ou encobrimento de um outro crime aqui referida não obriga a que este facto venha realmente a ser tentado ou a concretizar-se. Basta que o agente o idealize ou prepare. De igual modo, o outro crime em questão pode ser perpetrado por terceiro e não necessariamente pelo agente do homicídio[46].

*h) Praticar o facto juntamente com, pelo menos, mais duas pessoas ou utilizar meio particularmente perigoso ou que se traduza na prática de crime de perigo comum*

O facto de se prever a circunstância de a morte ser causada pelo menos por três pessoas parece apontar para uma situação em que os mesmos comparticipam em co-autoria, prevista no art.26.º do CP, actuando assim de uma forma que torna difícil a defesa da vítima[47].

A referência à utilização de qualquer meio particularmente perigoso pretende desde logo indiciar a necessidade de este representar «uma peri-

---

[44] FIGUEIREDO DIAS In: FIGUEIREDO DIAS; TAIPA DE CARVALHO; MEDINA SEIÇA; *et al.*, *op. cit.*, p. 32; Cf. MAIA GONÇALVES, *op. cit.*, pp. 460-461; FERNANDO SILVA, *op. cit.*, p. 32.

[45] Cf. MAIA GONÇALVES, *op. cit.*, p. 461.

[46] FIGUEIREDO DIAS In: FIGUEIREDO DIAS; TAIPA DE CARVALHO; MEDINA SEIÇA; *et al.*, *op. cit.*, p. 34. No mesmo sentido, também MAIA GONÇALVES, *op. cit.*, p. 461; FERNANDO SILVA, *op. cit.*, p. 70.

[47] *Idem*, pp. 36-37.

gosidade muito superior à normal» e, como tal, dificultar em absoluto a possibilidade de defesa da vítima e ser susceptível de causar perigo de lesão de outros bens jurídicos manifestamente importantes. Por outro lado, implica que a «natureza do meio utilizado» revele só por si uma especial censurabilidade ou perversidade, excedendo a perigosidade inerente aos meios usualmente utilizados no cometimento do crime de homicídio simples[48].

A conexão entre o crime de perigo comum previsto nesta alínea e a consequente culpa agravada reflecte a «falta de escrúpulo» revelada pelo recurso a um meio idóneo para criar ou produzir um perigo comum, de acordo com o preceituado nos art.s 272.º a 286.º do CP[49].

### i) Utilizar veneno ou qualquer outro meio insidioso

Actualmente, o uso de veneno surge como uma circunstância qualificativa equiparável a qualquer outro meio insidioso[50] – aqui se incluindo não só o veneno enquanto substância que actua quimicamente como também aquelas que actuam de forma mecânica sobre o organismo, como é o caso, por exemplo, do vidro moído[51] – na medida em que a sua utilização torna particularmente «difícil a defesa da vítima» ou, de qualquer modo, representa «o perigo de lesão de uma série indeterminada de bens jurídicos»[52]. O termo insidioso pretende significar todo o meio que, ao ser empregue, permite explorar o seu carácter semelhante ao veneno, ou seja, «enganador, sub-reptício, dissimulado ou oculto»[53], actuando sobre a vítima de forma a que esta não consiga defender-se ou nem sequer perceba a necessidade de o fazer.

### j) Agir com frieza de ânimo, com reflexão sobre os meios empregados ou ter persistido na intenção de matar por mais de vinte e quatro horas

No entender de Maia Gonçalves[54], esta é «uma das circunstâncias mais fortemente indiciadoras da especial censurabilidade ou perversidade» do agente de um homicídio voluntário. Embora o conceito esteja

---

[48] *Idem*, p. 37. No mesmo sentido, Maia Gonçalves, *Op. Cit.*, p. 462.

[49] *Idem, Ibidem.*

[50] *Idem*, p. 38.

[51] Maia Gonçalves, *op. cit.*, p. 462.

[52] Fernanda Palma, *op. cit.*, p. 65.

[53] Figueiredo Dias In: Figueiredo Dias; Taipa de Carvalho; Medina Seiça; *et al.*, *op. cit.*, pp. 38-39.

[54] Maia Gonçalves, *op. cit.*, p. 463.

*I. Introdução* 55

omisso, esta alínea reporta-se a circunstâncias usualmente tidas como representativas da premeditação, cuja essência reside precisamente na frieza de ânimo e na reflexão sobre os meios empregados, bem como no protelamento da intenção de matar[55].

A premeditação é aqui indiciada por três situações: a frieza de ânimo, que representa uma actuação calculista para concretizar a intenção de matar; a reflexão sobre os meios empregados, em que o agente pensa friamente sobre a melhor forma de concretizar os seus intentos e prepara os instrumentos para o crime; o protelamento da intenção de matar por mais de 24 horas, funcionando este lapso temporal como mera referência de que decorre tempo suficiente para que, de acordo com o pensamento social normal, o agente pudesse recuar nas suas intenções[56].

*l) Praticar o facto contra membro de órgão de soberania, do Conselho do Estado, Representante da República, magistrado, (...), comandante da força pública, jurado, testemunha, advogado, (...), agente das forças ou serviços de segurança, (...), docente, (...), no exercício das suas funções ou por causa delas*

A inclusão destas circunstâncias foi efectuada aquando das alterações ao CP de 1982 introduzidas pelo DL n.º 101-A/88, de 26 de Março e actualizada aquando da revisão pela Lei n.º 59/2007, de 4 de Setembro. Tal deveu-se ao surgimento de criminalidade violenta contra funcionários ou agentes incumbidos do cumprimento de mandados de detenção ou prisão e da guarda de indivíduos legalmente detidos, internados em estabelecimentos próprios ou presos e, perante estes acontecimentos, o alarme e a insegurança gerada[57]. Aquando da Reforma de 1995, foram acrescentadas outras classes de pessoas que, na versão actual, surgem na primeira metade da alínea j). Estas circunstâncias, no dizer de Figueiredo Dias[58], indiciam uma culpa agravada atendendo à «qualidade da vítima» ou à «função que ela desempenha». No entanto, e porque se trata de uma norma cujo funcionamento não é automático, no entender deste autor, torna-se sempre necessário que se prove «uma especial baixeza da

---

[55] FIGUEIREDO DIAS In: FIGUEIREDO DIAS; TAIPA DE CARVALHO; MEDINA SEIÇA; *et al.*, *op. cit.*, p. 39.

[56] FERNANDO SILVA, *op. cit.*, p. 73.

[57] MAIA GONÇALVES, *op. cit.*, p. 455.

[58] FIGUEIREDO DIAS In: FIGUEIREDO DIAS; TAIPA DE CARVALHO; MEDINA SEIÇA; *et al.*, *op. cit.*, p. 41.

motivação ou um sentimento particularmente censurado pela ordem jurídica», ou seja, a especial censurabilidade ou perversidade do agente, atendendo às particularidades da vítima, neste caso, quanto à função desempenhada e ao simbolismo que lhe é associado pela comunidade. No mesmo sentido, Fernando Silva[59] salienta que se torna igualmente obrigatório que o crime seja cometido quando a vítima se encontra no desempenho das suas funções ou por motivos com elas conexos.

*m) Ser funcionário e praticar o facto com grave abuso de autoridade*

Trata-se de uma circunstância introduzida pela Lei n.º 65/98, de 2 de Setembro. Maia Gonçalves[60] considera-a, em certa medida, uma reacção à qualificativa da alínea anterior com o intuito de assegurar a protecção da vítima contra eventuais «formas de exercício ilegítimo do poder».

Segundo Figueiredo Dias[61], aquela ilegitimidade consubstanciará sempre abuso de autoridade quando um funcionário mate «uma pessoa fora dos casos de justificação ou exclusão da culpa».

Se na alínea anterior a vítima era o funcionário, nesta ele passa a ser o agente do crime e, dada a sua qualidade, a sua acção indicia uma especial censurabilidade ou perversidade.

### 2.1.3. Homicídio privilegiado

O art. 133.º representa uma forma privilegiada do crime de homicídio base previsto no art. 131.º. O fundamento deste privilegiamento é a diminuição sensível da culpa do agente[62].

Na opinião de Figueiredo Dias[63], esta diminuição da culpa, no geral, está relacionada com os estados de afecto.

No mesmo sentido, Fernando Silva[64] considera que a menor culpa do agente resulta da existência de um «estado de perturbação psicológica»

---

[59] FERNANDO SILVA, *op. cit.*, p. 74.

[60] MAIA GONÇALVES, *op. cit.*, p. 463.

[61] FIGUEIREDO DIAS In: FIGUEIREDO DIAS; TAIPA DE CARVALHO; MEDINA SEIÇA; *et al.*, *op. cit.*, p. 42.

[62] AMADEU FERREIRA, *Homicídio Privilegiado*, 1991, 3.ª Reimpressão, Coimbra: Almedina, 2000, p. 76. No mesmo sentido, também FERNANDO SILVA, *op. cit.*, p. 87; FIGUEIREDO DIAS In FIGUEIREDO DIAS; TAIPA DE CARVALHO; MEDINA SEIÇA; *et al.*, *op. cit.*, p. 47; MAIA GONÇALVES, *op. cit.*, p. 472.

[63] FIGUEIREDO DIAS, *op. cit.*, p. 47.

[64] FERNANDO SILVA, *op. cit.*, pp. 87-89.

*I. Introdução* 57

provocada por elementos que, afectando de forma inequívoca o seu discernimento, «tornam o seu comportamento menos exigível». Estes elementos estão previstos na letra da lei, de forma taxativa: "compreensível emoção violenta", "compaixão", "desespero" e "motivo de relevante valor social ou moral".

Relativamente ao seu funcionamento, estas causas não funcionam por si mesmas, havendo sempre a necessidade de conexão com qualquer situação que comporte uma menor exigibilidade de comportamento por parte do agente (veja-se o termo "dominado" constante da letra da lei)[65] a que acresce, no caso da emoção violenta, a sua compreensibilidade[66].

Assinale-se, no entanto, que a existência destes elementos privilegiadores não torna automática a menor culpa do agente. Tal só ocorrerá se o dolo derivar unicamente deles e a culpa do agente estiver realmente diminuída[67].

O art. 133.º engloba conceitos-tipo de duas naturezas diversas: emocional – a emoção violenta, a compaixão e o desespero; ético-social – o motivo de relevante valor social ou moral[68]. No que respeita às emoções, elas podem ser asténicas, como o medo e o desespero, ou esténicas, de que são exemplo a ira, a cólera e a irritação[69].

No geral, para que se torne possível o enquadramento de determinada conduta como homicídio privilegiado, no entender de Maia Gonçalves[70], deve existir nexo de causalidade entre uma das circunstâncias previstas e a prática do crime.

O art. 133.º pune "com pena de prisão de 1 a 5 anos" aquele que "matar pessoa dominado por compreensível emoção violenta, compaixão, desespero ou motivo de relevante valor social ou moral, que diminuam sensivelmente a sua culpa".

Seguidamente, analisam-se as causas de privilegiamento previstas no art. 133.º.

---

[65] FIGUEIREDO DIAS, *op. cit.*, p. 48.

[66] MARIA PEREIRA; AMADEU FERREIRA, *op. cit.*, p. 85.

[67] FERNANDO SILVA, *op. cit.*, p. 88.

[68] MARIA PEREIRA; AMADEU FERREIRA, *op. cit.*, p. 84.

[69] Vide AMADEU FERREIRA, *Homicídio Privilegiado*, 1991, 3.ª Reimpressão, Coimbra: Almedina, 2000, p.100.; MARIA PEREIRA; AMADEU FERREIRA, *op. cit.*, p. 86; FERNANDO SILVA, *op. cit.*, p. 90.

[70] MAIA GONÇALVES, *op. cit.*, p. 472.

## 58 As Lesões Contra a Vida e Contra a Integridade Física dos Cidadãos

### a) Compreensível emoção violenta

No entender de Amadeu Ferreira[71], emoção é «qualquer alteração do estado psicológico do indivíduo em relação ao seu estado normal e causada por elementos não essencialmente biológicos». No entanto, o art.133.º obriga a que ela seja violenta. Segundo este autor, essa violência existe quando afecta a vontade e a inteligência do agente, diminuindo também «as suas resistências éticas» e «a sua capacidade para se conformar com a norma», de tal forma que o agente perde o autodomínio e «deixa-se levar»[72]. Maia Gonçalves[73] escreve que a emoção para ser violenta deverá atingir um patamar elevado de gravidade ou de intensidade.

A emoção violenta é matéria de facto e, como tal, «deve ser apurada pelas ciências médicas, psicológicas ou psiquiátricas», e não mediante juízos de valor[74].

A verificação de emoção violenta não torna contudo automática a diminuição da culpa. Esta deve ser aferida de acordo com as circunstâncias objectivas e, perante estas, ser compreensível[75].

A compreensibilidade é já matéria de direito, normativa. Pressupõe que seja aceitável que o agente, quando confrontado com aquelas circunstâncias, tenha ficado compreensivelmente dominado por tal emoção violenta e tenha agido sob a mesma[76].

A aferição desta compreensibilidade por parte da jurisprudência do STJ, na generalidade dos casos, tem sido baseada numa «adequada relação de proporcionalidade entre o facto injusto do provocador e o facto ilícito do provocado»[77].

Vários autores têm demonstrado discordância com este entendimento.

Amadeu Ferreira[78] rejeita-o, apontando quatro argumentos para a sua discordância. Considera que, existindo uma redução dos casos de emoção violenta compreensível às situações de provocação, está a proceder-se a «uma restrição ao art. 113.º» e, consequentemente, a violar-se o princípio da legalidade. Defende que, ao tomar-se em consideração apenas

---

[71] AMADEU FERREIRA, op. cit.,p. 95.
[72] AMADEU FERREIRA, op. cit., pp. 63 e 96.
[73] MAIA GONÇALVES, op. cit., p. 472.
[74] MARIA PEREIRA; AMADEU FERREIRA, op. cit., p. 86. Assim também AMADEU FERREIRA, op. cit., pp. 98-99.
[75] AMADEU FERREIRA, op. cit., p. 64.
[76] FERNANDO SILVA, op. cit., p. 91.
[77] Vide Ac. de 16/01/1990, do STJ. Com o mesmo fundamento, o Ac. 16/01/1996, do STJ.
[78] AMADEU FERREIRA, op. cit., p. 121.

*I. Introdução* 59

o momento prévio da «descarga da emoção» está a ignorar-se os factos que, sendo insignificantes, no seu todo, construíram condições para aquela reacção. Rejeita-a também porque entende que a "compreensível emoção violenta" não pressupõe «qualquer ideia de ponderação de valores». Finalmente, esclarece que, contrariamente àquilo que o entendimento jurisprudencial faz transparecer, o que é compreensível é a emoção e não o homicídio em si, pois será difícil considerar proporcional a perda de uma vida perante a emoção do agente, por muito atendível que ela seja[79].

Questão igualmente discutida em relação à avaliação da compreensibilidade da emoção violenta é o critério pelo qual ela deve ser feita: critério do homem médio ou critério do agente. Embora a jurisprudência venha seguindo ambos os critérios, a maioria dos autores, apoiando-se quer na cláusula geral plasmada no art. 133.º relativa à sensível diminuição da «sua (do agente) culpa» face aos motivos relacionados com a emoção quer na necessidade de ter em consideração todas as circunstâncias que rodearam e em que surgiu a acção emotiva do agente, nomeadamente, a humilhação ou o sofrimento prolongados, o afastamento de um perigo ou factos «que põem em causa o agente enquanto pessoa»[80].

É perfeitamente possível que o autor do homicídio não seja aquele a quem foi dirigida a ofensa, havendo casos em que alguém esteja dominado por emoção violenta em virtude de alguém próximo ter sido a vítima e este facto o ter atingido emocionalmente[81]. É o que pode acontecer, por exemplo, num filho que mata o pai em virtude de este infligir continuamente maus-tratos à sua mãe de tal forma que, um dia, em virtude de não suportar mais o sofrimento da progenitora, e ao presenciar mais uma agressão, reage com emoção e concretiza aquele facto.

Relativamente à questão da vítima ser diferente do provocador da emoção violenta, a jurisprudência dos tribunais superiores tem defendido que «a diminuição sensível da culpa só se verifica quando o gente mata a pessoa causadora da emoção violenta, e não qualquer pessoa»[82]. No entanto, esta não é uma opinião unânime na doutrina. Segundo Costa Pinto[83], sendo

---

[79] Cf. Maria Pereira; Amadeu Ferreira, *op. cit.*, p. 87; Fernando Silva, *op. cit.*, p. 93.

[80] Maria Pereira; Amadeu Ferreira, *op. cit.*, p. 87. No mesmo sentido, Amadeu Ferreira, *op. cit.*, pp. 98-100. Em sentido contrário, Fernando Silva, *op. cit.*, pp. 94-95.

[81] Fernando Silva, *op. cit.*, p. 99.

[82] Fernando Silva, *op. cit.*, pp. 99-100. V. Ac. da Relação de Évora, de 04/02/1997.

[83] Costa Pinto, *Crime de homicídio privilegiado – Ac. da Relação de Évora*, de 04/02/1997, RPCC, 8, 1998, pp. 294 e sgs.

o art. 133.º um tipo de culpa, a diminuição desta é devida ao estado emocional e não ao agente provocador e, como tal, o agente pode matar uma vítima e, desde que ela surja perante si como factor de perturbação ou agravação do estado emocional em que ele já se encontra.

### b) Compaixão

Tal como acontece para a emoção violenta, a compaixão deve exercer uma acção de domínio sobre a vontade e o discernimento do agente. A compaixão não se reduz contudo «ao ter pena», devendo antes ser relativa a situações intoleráveis quer para a vítima quer para o próprio agente[84]. Fernando Silva[85] defende, no entanto, que esta circunstância não surge como uma emoção, como um estado de perturbação, mas sim como uma razão do agente para com o sofrimento da vítima.

A compaixão que domina o agente, no entender de Amadeu Ferreira[86], reflecte sentimentos «de piedade, de altruísmo» e «de consideração (...) pelo bem daquele que vai matar». Também neste caso, a compaixão só por si não basta, sendo exigível que ela acarrete a diminuição sensível da culpa do agente, sob pena de se poder admitir homicídios institucionalizados justificados por sentimentos de piedade. Isto significa que é necessário que o motivo da compaixão exerça sobre o agente uma forte pressão e, deste modo, acabe por se tornar intolerável também para ele em consequência do sofrimento que, tal como à vítima, também o afecta profundamente e, por isso, a morte surge como a cessação de tal pena[87]. Esta pressão afecta o agente a nível psicológico e, em geral, verificar-se-á quando existam laços de afectividade profunda – não somente de parentesco mas também de amizade – entre a vítima e o agente[88].

### c) Desespero

No entender de Maria Pereira[89], o desespero não deixa de ser uma emoção violenta em que o agente sente que o matar é a única saída.

---

[84] Maria Pereira; Amadeu Ferreira, *op. cit.*, p. 88.

[85] Fernando Silva, *op. cit.*, p. 103.

[86] Quanto a tudo, Amadeu Ferreira, *op. cit.*, p. 65.

[87] Fernando Silva, *op. cit.*, p. 104.

[88] Amadeu Ferreira, *op. cit.*, p. 67. No mesmo sentido, Feranando Silva, *op. cit.*, p. 103.

[89] Maria Pereira; Amadeu Ferreira, *op. cit.*, p. 88. No mesmo sentido, Fernando Silva, *op. cit.*, p. 104.

Embora admitindo esta proximidade, Amadeu Ferreira[90] considera que, em geral, o desespero respeita a situações que se prolongam no tempo e que, a dado momento, o agente as considera sem saída.

Simas Santos e Leal Henriques[91] entendem o desespero como um estado de alma em que se encontra alguém que está sob a influência de um estado de cólera ou de irritação, aflição, desânimo, desalento, angústia ou ânsia.

Tal como nos casos anteriores deste art. 133.º, também aqui o discernimento e a vontade do agente se encontram condicionados em resultado das limitações da sua capacidade psicológica[92]. Tal pode ser devido a situações que sobre ele exerçam muita pressão e desorientação e que o coloquem sem perspectivas de uma resolução normal dos problemas. Isto acontecerá, por exemplo, em situações de infanticídio privilegiado por pressão da própria família[93] ou de humilhação prolongada em que a esposa mata o marido por não mais conseguir suportar os abusos sexuais por ele infligidos e que lhe causam não só sofrimento físico como também dor psíquica.

A diminuição sensível da culpa exigida na lei obriga a que os motivos do agente sejam atendíveis. Estes motivos podem ter a ver, por exemplo, com casos em que a mãe tenta tirar a vida aos filhos para os poupar aos sofrimentos que vêm sofrendo. Também nos casos de humilhação sexual que, dado o seu carácter continuado e de sofrimento para o agente, põem gravemente em causa a sua dignidade enquanto pessoa, surgindo a morte do agressor como única forma de se libertar de tal tormento[94].

### d) Motivo de relevante valor social ou moral

Segundo Maria Pereira[95], esta cláusula «tem a ver com sociedades concretas e morais concretas». Neste mesmo sentido, Amadeu Ferreira[96] adverte que «o motivo deve ter uma relevância objectiva e não meramente subjectiva». Tal significa desde logo que as concepções morais e filosóficas

---

[90] AMADEU FERREIRA, *op. cit.*, pp. 68-69.
[91] LEAL HENRIQUES; SIMAS SANTOS, *op. cit.*, p. 71.
[92] FERNANDA PALMA, *op. cit.*, pp. 82-83.
[93] MARIA PEREIRA; AMADEU FERREIRA, *op. cit.*, p. 89.
[94] AMADEU FERREIRA, *op. cit.*, pp. 69-70.
[95] MARIA PEREIRA; AMADEU FERREIRA, *op. cit.*, p. 89.
[96] AMADEU FERREIRA, *op. cit.*, pp. 75-76.

do agente terão de se submeter sempre à axiologia inerente ao ordenamento jurídico-penal respectivo.

Neste particular, Maia Gonçalves[97] ressalva contudo que terá de haver sempre a flexibilidade suficiente para avaliar o relevante valor social e moral do motivo à luz das circunstâncias «do meio em que vive e foi educado» o agente. Como consequência do acompanhamento deste ordenamento face à evolução social, o valor atribuído aos motivos do agente, na perspectiva do autor, terão um «carácter relativo». De igual modo, será necessário «que o motivo exerça sobre o agente uma forte pressão», em consequência da presença de «elementos fundamentais da sua dignidade».

Como expende Fernando Silva[98], nestas circunstâncias, o homicídio surge como meio de o agente se libertar daquela pressão social e moral que sobre si é exercida. O autor levanta a questão de tal pressão, quando ocorre por factos relativos à honra do agente, poder ou não ser considerada como factor de privilegiamento. Citando como exemplo um caso em que, num meio pequeno e conservador, a mãe mata o filho fruto de uma relação extraconjugal, para acabar com a descriminação social sofrida, ele admite que, por força do relevante valor social ou moral, tal acto possa ser enquadrado no âmbito deste factor de privilegiamento.

Figueiredo Dias[99] esclarece que, quanto à relevância social ou moral na morte de alguém, jamais poderão ser aceites «motivos de pureza rácica, de superioridade política ou de casta» e de extermínio de infiéis, opositores ou dissidentes.

### 2.1.4. *Homicídio por negligência*

O homicídio por negligência (art. 137.º do CP) constitui uma excepção à regra geral da punibilidade das condutas dolosas no direito penal português[100].

A previsão legal deste tipo privilegiado de homicídio decorre da cada vez maior necessidade de proteger a vida humana face à crescente existência de actividades próprias da actual «sociedade do risco»[101]. Aqui

---

[97] Maia Gonçalves, *op. cit.*, p. 472.

[98] Fernando Silva, *op. cit.*, pp. 106-107.

[99] Figueiredo Dias In: Figueiredo Dias; Taipa de Carvalho; Medina Seiça; *et al.*, *op. cit.*, p. 53.

[100] Cf. art. 13.º CP.

[101] Figueiredo Dias In: Figueiredo Dias; Taipa de Carvalho; Medina Seiça; *et al.*, *op. cit.*, p. 106.

*I. Introdução*

se enquadram, por exemplo, a condução rodoviária, o manuseamento de matérias perigosas, a adulteração de produtos alimentares e as intervenções médico-cirúrgicas cada vez mais complexas.

Para que esteja preenchido o tipo legal de crime de homicídio por negligência, a morte não é um facto desejado pelo autor – a ser assim, falar-se-ia em dolo e cair-se-ia num tipo de homicídio doloso – resultando outrossim da negligência do agente[102] quer este actue por acção ou omissão[103].

A definição legal de negligência está contida no art.15.º do CP. Neste preceito, estão previstas duas categorias de negligência (consciente e inconsciente) que, no essencial, nas palavras de Germano Marques da Silva[104], correspondem à «omissão de um dever objectivo de cuidado (elemento objectivo)» e à possibilidade de o agente, no caso concreto, «ser capaz de prestar a diligência devida (elemento subjectivo) para evitar a realização do ilícito».

O agente actuará com negligência consciente quando, embora reconhecendo o perigo ou risco que a sua conduta representa para a vida de outrém, confiar que a morte não virá a ocorrer. Por outro lado, agirá com negligência inconsciente se nem sequer representar o perigo de, em consequência da sua conduta, advir a morte de alguém[105].

O art.137.º, no seu n.º 2, prevê ainda um outro tipo de negligência: a negligência grosseira. Considerada pela jurisprudência dos tribunais nacionais superiores como «uma forma qualificada de negligência», ela consiste «no esquecimento das precauções exigidas pela mais vulgar prudência ou na omissão das precauções ou cautelas mais elementares»[106].

Maria Oliveira[107] define negligência grosseira como «uma violação flagrante e notória dos deveres de cuidado básicos, susceptíveis de serem adoptados até pelo homem menos diligente» e que, por isso, revela «uma grande irreflexão e ligeireza» no comportamento. Outros autores[108] colocam-na a meio caminho entre a negligência consciente e o dolo

---

[102] Maria Oliveira, *A Imputação Objectiva na Perspectiva do Homicídio Negligente*, Coimbra: Coimbra Editora, 2004, p. 68.

[103] Figueiredo Dias In: Figueiredo Dias; Taipa de Carvalho; Medina Seiça; *et al.*, *op. cit.*, p. 107.

[104] Germano Marques da Silva, *Direito Penal Português. Parte Geral: Teoria do Crime*, Vol. II, Lisboa: Editorial Verbo, 1998, p. 176.

[105] Maria Oliveira, *op. cit.*, pp. 80-81. Cf. art.15.º, alíneas a) e b), do CP.

[106] *Ac. Tribunal da Relação de Coimbra*, de 13/01/99, *apud* Maria Oliveira, *op. cit.*, pp. 182-183.

[107] Maria Oliveira, *op. cit.*, p. 183.

[108] *Vide* Fernando Silva, *op. cit.*, p. 138.

eventual. Outros ainda, onde se destaca Figueiredo Dias[109], entendem que, não tendo a lei dado uma definição daquilo que deve entender-se por negligência grosseira, a verdade é que também não se afigura seguro, em termos dogmáticos, definir-se este tipo expandido de negligência, para além de não existir ainda «jurisprudência suficientemente precisa» para alterar tal indefinição.

Fundamentando-se na teoria da causalidade adequada, Maria Oliveira[110] defende que o tipo legal de crime do homicídio negligente apenas poderá ser preenchido «naqueles casos em que a morte de outra pessoa surja como uma consequência previsível da conduta desenvolvida, atendendo às regras gerais da experiência e à normalidade do acontecer», acrescentando que a responsabilidade por este crime não existirá «sempre que tal evento seja imprevisível ou de verificação rara».

A imputação do crime de homicídio negligente, segundo a doutrina dominante[111], implica a verificação de três momentos fundamentais: «a possibilidade de prever o preenchimento do tipo» de crime; perante esta possibilidade, o não cumprimento «do cuidado requerido e exigível»; e a ocorrência da morte de outrem devido à inobservância daqueles «deveres de cuidado».

Pressupondo a negligência uma conduta violadora do dever de cuidado, a imputação deste crime ao agente implica que este preveja ou possa prever que tal conduta é idónea a produzir a morte de outra pessoa[112].

As normas de cuidado decorrem não só de leis e regulamentos específicos como também das regras da experiência. Isto significa que para avaliar a observância ou desrespeito do dever de cuidado, para além de se averiguar o cumprimento ou violação das normas escritas, terá também de atender-se às circunstâncias concretas do caso em apreço no sentido de concluir se estas exigiam mais ou menos cuidado do que aquele que está tipificado[113].

Determinados autores, de entre os quais se salienta Figueiredo Dias[114], defendem ainda que a correcção na actuação deverá ser determi-

---

[109] FIGUEIREDO DIAS In: FIGUEIREDO DIAS; TAIPA DE CARVALHO; MEDINA SEIÇA; *et al.*, *op. cit.*, p. 112.

[110] MARIA OLIVEIRA, *op. cit.*, p. 33.

[111] *Idem*, p. 167. No mesmo sentido, Cf. MARIA PEREIRA, *op. cit.*, p. 155.

[112] MARIA OLIVEIRA, *op. cit.*, p. 63.

[113] MARIA OLIVEIRA, *op. cit.*, pp. 95-96.

[114] FIGUEIREDO DIAS In: FIGUEIREDO DIAS; TAIPA DE CARVALHO; MEDINA SEIÇA; *et al.*, *op. cit.*, pp. 110-111.

I. *Introdução* 65

nada, não só pelas normas gerais, mas também pelas «capacidades individuais do agente», quer elas sejam superiores quer inferiores à média. Esta perspectiva é no entanto criticada por Maria Oliveira[115] que prefere salientar que a avaliação da negligência deve ser feita com recurso ao «critério do homem diligente colocado na mesma situação» que o agente, em particular quando este possui capacidades inferiores à média.

Maria Oliveira[116] defende a avaliação da negligência atendendo a um critério misto que combina a violação ou omissão de um dever objectivo de cuidado com a previsibilidade da ocorrência de um resultado proibido em consequência do seu comportamento.

Após se ter provado a verificação de um comportamento ilícito do agente impõe-se comprovar também «a imputação objectiva do resultado»[117]. Tal significa a necessidade de o resultado produzido – a morte – decorrer de facto da violação de um dever objectivo de cuidado ou do perigo causado por tal conduta[118]. Ou seja, tem de haver um nexo de causalidade – que tem de ser adequada – entre a acção negligente e a morte, além de, para determinada corrente doutrinária, se exigir que este resultado constitua a concretização do risco inerente àquela conduta[119].

No entanto, existem situações em que, embora haja um comportamento negligente do agente, ele não poderá ser responsabilizado pela morte da vítima por ser de excluir a imputação objectiva. É o que acontece, por exemplo, quando a vítima, sendo peão, passa no sinal vermelho e é atropelada mortalmente pois o agente (condutor) espera que ela cumpra a conduta que lhe é devida[120].

Outro caso excepcional verifica-se quando, apesar da actuação do agente contrária ao dever de cuidado, a morte da vítima ocorreria mesmo que ele tivesse agido com diligência. Alguns autores[121] consideram que, nestes casos, o agente deverá ser ilibado em virtude de não ser possível

---

[115] MARIA OLIVEIRA, *op. cit.*, p. 107.

[116] *Idem*, p. 111.

[117] *Idem*, p. 113.

[118] *Idem*, p. 114.

[119] *Idem*, p. 115.

[120] FERNANDO SILVA, *op. cit.*, pp. 133-134.

[121] A título de exemplo, Fernando Silva refere um caso citado por Hans Welzel (HANS WELZEL, *Lo injusto de los delitos culposos*, In Textos de Apoio de Direito Penal, AAFDL, 1983/84, Tomo II, p. 172) em que um médico, por engano, em vez de anestesiar o paciente com novocaína fá-lo com cocaína e o paciente acaba por morrer; no entanto, na autópsia, consegue apurar-se que a vítima faleceria igualmente com a anestesia correcta devido ao estado corporal em que se encontrava (FERNANDO SILVA, *op. cit.*, pp. 134-135).

As Lesões Contra a Vida e Contra a Integridade Física dos Cidadãos

atribuir a lesão a qualquer infracção ao dever objectivo de cuidado. Maria Oliveira[122], por seu turno, considera esta problemática irrelevante na medida em que aquela conduta, simplesmente, não tem existência e, como tal, nem deve ser tomada em consideração.

## 2.2. Crimes de ofensas à integridade física

Os crimes de ofensa à integridade física estão enquadrados no âmbito mais abrangente "Dos crimes contra a integridade física", que, por seu lado, estão inseridos no título "Dos crimes contra as pessoas"[123].

Os vários tipos de crime de ofensa à integridade física pressupõem a ocorrência de uma ofensa no corpo ou na saúde da vítima.

No entender de Fernando Silva[124], as agressões no corpo podem consubstanciar a ocorrência de um dano corporal minimamente expressivo – aqui se incluindo, por exemplo, a simples bofetada[125] – a perda de uma porção corporal, a desfiguração em resultado de alteração estética da pessoa, bem como a perturbação das funções sensorial e motora.

As ofensas na saúde, por seu lado, correspondem às acções que afectam a saúde física ou psíquica da vítima, interferindo não na substância corporal do indivíduo mas sim no funcionamento harmonioso dos vários órgãos e membros do corpo, perturbando não só o desempenho físico como também psicológico ou mental da vítima[126].

Nas palavras de Maia Gonçalves[127], «ofensa no corpo é toda a alteração ou perturbação da integridade corporal, do bem estar físico e da morfologia do organismo» sendo a ofensa na saúde «toda a alteração ou perturbação do normal funcionamento do organismo».

---

[122] Maria Oliveira, *op. cit.*, p. 136.

[123] Ver art. 143.º e seguintes do Código Penal. Existem outros preceitos que, embora respeitantes a outros bens, não deixam de proteger a integridade física da pessoa. É o caso, por exemplo, do crime de roubo (art. 210.º CP) que, embora sendo um crime contra o património, comporta acções do agente que podem pôr em causa a integridade física da vítima.

[124] Fernando Silva, *op. cit.*, pp. 215-216.

[125] Veja-se, quanto a esta agressão em particular, o Ac. do STJ, de 18/12/1991, publicado no Diário da República, em 08/02/1992: «Integra o crime do art.142.º do Código Penal a agressão voluntária e consciente, cometida à bofetada, sobre uma pessoa, ainda que esta não sofra, por via disso, lesão, dor ou incapacidade para o trabalho».

[126] Paula de Faria In: Figueiredo Dias; Taipa de Carvalho; Medina Seiça; *et al.*, *op. cit.*, pp. 205-207.

[127] Maia Gonçalves, *op. cit.*, p. 505.

I. Introdução    67

Relativamente ao modo de execução deste tipo de crimes, ele pode resultar do emprego de «qualquer meio físico, químico, mecânico ou mesmo moral», desde que seja idóneo a causar «lesões anatómicas, fisiológicas ou psíquicas»[128].

Excluem-se aqui as lesões tacitamente aceites no decorrer de determinadas actividades com risco inerente, nomeadamente as sofridas pelos atletas de desportos de combate (ex. judo, boxe, karaté)[129].

Quanto à «duração da agressão», Paula Faria[130] considera que esta não assume relevância, não obstante, nos termos do art. 71.º, seja tida em consideração pelo juiz para aplicação da medida concreta da pena ao agente.

No que respeita ao ofendido, ele terá sempre de ser um terceiro diferente do agressor, conforme está expressamente previsto na letra da lei, nos vários artigos referentes ao crime em questão, com a utilização da expressão "ofender o corpo ou a saúde de outra pessoa".

À imagem do que acontece nos crimes contra a vida com o crime de homicídio, também no âmbito dos crimes contra a integridade física, a ofensa à integridade física simples (art. 143.º) constitui-se como o tipo legal de crime fundamental. É a partir deste preceito que se constroem as variações qualificadas ou privilegiadas de ofensa à integridade física: "ofensa à integridade física grave" (art. 144.º), "ofensa à integridade física qualificada" (art.145.º), "ofensa à integridade física privilegiada" art.146.º), "agravação pelo resultado" (art.147.º) e "ofensa à integridade física por negligência" (art.148.º)[131].

### 2.2.1. *Ofensa à integridade física simples*

Sendo um crime (art.143.º do CP) de resultado – lesão do corpo ou saúde de outrem – o grau de desvalor da acção do agente será avaliado de acordo com a gravidade da lesão provocada[132].

---

[128] FERNANDO SILVA, *op. cit.*, p. 216.

[129] Quanto a outras ofensas à integridade física que têm merecido uma abordagem especial, nomeadamente, as executadas por pais e professores, veja-se, por exemplo, PAULA DE FARIA, *op. cit.*, pp. 214-215.

[130] PAULA DE FARIA In: FIGUEIREDO DIAS; TAIPA DE CARVALHO; MEDINA SEIÇA; *et al.*, *op. cit.*, p. 205.

[131] *Idem*, p. 202. Em sentido diferente, FERNANDO SILVA, *op. cit.*, p. 218.

[132] FERNANDO SILVA, *op. cit.*, p. 219.

As ofensas no corpo ou na saúde de outra pessoa para poderem ser enquadradas no âmbito deste artigo «não podem ser insignificantes»[133]. No entanto, também não é absolutamente necessário que a vítima, em resultado da ofensa, sofra lesão corporal, incapacidade para o trabalho ou até dor ou sofrimento físico.

Trata-se de um crime doloso que comporta qualquer grau de dolo. Torna-se por isso necessário que o agente queira de facto causar uma lesão na integridade física da vítima, que pratique actos conducentes a esse resultado e que a ofensa, ao nível da gravidade, corresponda à vontade por ele manifestada[134].

O n.º 2 do art. 143.º atribui a este crime, como regra, a natureza de semi-público. No entanto, aquando da alteração introduzida pela Lei n.º 100/2001, de 25 de Agosto, passou a considerar-se, de forma expressa, crime público a ofensa à integridade física simples quando a vítima for agente das forças ou serviços de segurança, no exercício das suas funções ou por causa delas. Neste particular, afigura-se absolutamente oportuna a opinião veiculada por Maia Gonçalves[135] quando afirma que, embora esta alteração se trate de uma reacção, de certo modo mediática, à perturbação causada pelas agressões perpetradas contra os agentes da autoridade pública, a verdade é que ela foi desnecessária, na medida em que o art. 146.º (actualmente, o art. 145.º), no seu n.º 2, remetia estas ofensas para as circunstâncias previstas no art. 132.º, n.º 2, prevendo assim já esta qualificação.

Relativamente à dispensa de pena prevista no n.º 3, importa salientar que, tal como resulta da letra da lei – "o tribunal pode" – esta não é obrigatória, constituindo antes uma possibilidade a seguir pelo julgador ao nível de cada processo[136]. As circunstâncias concretas em que tal dispensa pode ocorrer são as lesões recíprocas – no caso de não determinação de qual dos agressores agrediu primeiro – e a retorsão como reacção à agressão prévia de outrem. No caso de ter havido lesões recíprocas, para que haja dispensa de pena, tem de, cumulativamente, não ter sido possível apurar qual dos agressores actuou primeiro. Na verdade, a única coisa que se pode concluir de forma objectiva é que houve agressão mútua. No entanto, não se pode confundir esta situação com os casos de legítima defesa. No que respeita à retorsão, no entender de

---

[133] Maia Gonçalves, *op. cit.*, p. 505. Também Paula Faria, *op. cit.*, p. 207.
[134] Fernando Silva, *op. cit.*, p. 219. Cf. Paula de Faria, *op. cit.*, p. 210.
[135] Maia Gonçalves, *op. cit.*, p. 503.
[136] Fernando Silva, *op. cit.*, p. 221.

Fernando Silva[137], o agente só executa a agressão por ter sido previamente agredido. Quanto às agressões a que o agente reage, o autor defende que se tratam também de ofensas à integridade física simples. Neste particular, Paula Faria[138], divergindo desta perspectiva, defende que pelo facto de o legislador não definir a agressão a que o agente reage, tanto se enquadram nesta alínea as situações de reacção a ofensa à integridade física «como a injúrias seguidas de lesões físicas».

À parte esta divergência, existe sintonia doutrinal em considerar que a dispensa de pena quer em caso de reciprocidade quer de retorsão resulta da diminuição da culpa do agente, em virtude de, naquelas circunstâncias, a sua acção ser menos censurável porque, não obstante ter sido agressor, ele foi também vítima[139].

Atendendo às consequências decorrentes das ofensas no corpo ou na saúde da vítima, ou da culpa do agente no cometimento dos factos, este ilícito assume outras qualificações penais, com a consequente agravação ou atenuação das penas.

### 2.2.2. *Ofensa à integridade física grave*

O crime de ofensa à integridade física grave (art.144.º do CP) respeita a lesões que, atendendo à gravidade das consequências para o corpo ou a saúde da vítima, justificam uma reacção penal mais acentuada[140].

A enumeração apresentada para este crime é taxativa. Nela foi seguido um critério que enumera as únicas lesões que, numa perspectiva médica, são susceptíveis de consubstanciar ofensas à integridade física graves[141].

É precisamente nesta perspectiva que será feita a análise de cada uma das alíneas deste artigo.

*a) Privá-lo de importante órgão ou membro, (...) desfigurá-lo grave e permanentemente*

Nesta alínea considera-se a ocorrência de lesões no corpo através de duas formas distintas: a privação de órgão ou membro e a desfiguração corporal.

---

[137] Fernando Silva, *op. cit.*, p. 222.
[138] Paula Faria, *op. cit.*, p. 221.
[139] Fernando Silva, *op. cit.*, p. 222; Paula Faria, *op. cit.*, p. 220.
[140] *Idem*, p. 224.
[141] *Idem*, *Ibidem*.

70  *As Lesões Contra a Vida e Contra a Integridade Física dos Cidadãos*

Francisco Coimbra[142] definiu órgão, numa perspectiva médico-legal, como «toda a parte componente de um aparelho ou sistema que contribui de modo relevante para as funções desse aparelho ou sistema, isto é, que contribui de maneira importante para a economia animal» (e.g. fígado, rins, pâncreas, olho, orelha, nariz, etc). Fernando Silva[143], por seu turno, define como membro «toda a parte do corpo que está ligada por articulações, através das quais se pode exercer as várias actividades» (e.g. perna, braço, mão, dedo, etc)[144]. Leal Henriques e Simas Santos[145], consideram órgão «uma parte ou componente de um corpo organizado, que tem uma função particular, v.g., órgão da visão, órgão do olfacto, etc» e membro «qualquer dos apêndices do tronco, vocacionados para a realização das funções de relação».

A lei estabelece como grave a ofensa à integridade física que comporte a privação de órgão ou membro, desde que estes sejam considerados importantes. Esta importância estará sempre dependente da ciência médica e deverá ser aferida para cada vítima em particular, atendendo à actividade por ela desempenhada e à relevância que o respectivo órgão ou membro tem para si[146]. Tal significa que a privação referida não respeita apenas à «privação anatómica» mas também à «privação ou afectação grave da função do órgão ou membro»[147].

A alínea a) do art. 144.º do CP considera igualmente grave a ofensa à integridade física que comporte a desfiguração grave e permanente do ofendido.

No entender de Fernando Silva[148], a desfiguração representa «toda a alteração estética» da pessoa que comporte a modificação da sua «aparência exterior». Em sentido sensivelmente diverso, Teresa Magalhães[149] considera que tal desfiguração não se limita somente «ao rosto ou a zonas

---

[142] FRANCISCO COIMBRA *apud* FERNANDO SILVA, *op. cit.*, p. 225.

[143] FERNANDO SILVA, *op. cit.*, p. 225.

[144] *Idem*, p. 225

[145] LEAL HENRIQUES; SIMAS SANTOS, *op. cit.*, p. 146.

[146] FERNANDO SILVA, *op. cit.*, p. 225. No mesmo sentido, MAIA GONÇALVES, *op. cit.*, p. 508.

[147] TERESA MAGALHÃES, PINTO DA COSTA, FRANCISCO CORTE REAL e DUARTE NUNO VIEIRA, *Avaliação do dano corporal em Direito Penal*, Revista de Direito Penal, Vol. II, n.º 1, 2003, p. 7. Neste sentido, veja-se, por exemplo, o Ac.do STJ, de 25/01/1984, segundo o qual «Para que se verifique o crime de ofensas à integridade física, nos termos do art.143.º [actual art.144.º], al. a), do CP, não tem que resultar necessariamente da agressão supressão ou privação (total) do órgão atingido, bastando que haja diminuição ou redução grave da função específica que aquele desempenha» (Cf. BMJ, 333, 272).

[148] FERNANDO SILVA, *op. cit.*, pp. 226-227.

[149] TERESA MAGALHÃES, PINTO DA COSTA, FRANCISCO CORTE REAL e DUARTE NUNO VIEIRA, *op. cit.*, p. 72.

*I. Introdução* 71

descobertas do corpo», acrescentando que a sua avaliação deverá englobar os danos estáticos (*e.g.* cicatriz, amputação) mas também dinâmicos (*e.g.* claudicação importante na marcha, desvio da comissura labial com perturbação da mímica facial e da fala) da vítima.

Relativamente à gravidade da desfiguração, Paula Faria[150] defende que para a sua avaliação deverá atender-se não só à intensidade da lesão (englobando a sua quantidade, o local e visibilidade) mas também às circunstâncias particulares do ofendido (sexo, idade e profissão) e às consequências para a sua situação no contexto relacional.

Quanto à permanência da desfiguração, Fernando Silva[151] entende que ela será permanente se, mesmo que não seja definitiva, for duradoura, e não possível de ser ultrapassável com recurso a «próteses ou outros meios artificiais», desde que não comporte «sacrifício excessivo» para o ofendido. Nas palavras de outros autores[152], tal permanência existirá quando a desfiguração não for «susceptível de ser alterada com o tempo ou através de uma intervenção médico-cirúrgica».

A titulo de exemplo, no Ac. do STJ, de 01/10/1998, considerou-se desfiguração grave e permanente "o corte de tecidos da cara de que resulta, como consequência permanente, uma cicatriz de grandes dimensões que vai do queixo até à região occipital".

> b) *Tirar-lhe ou afectar-lhe, de maneira grave, a capacidade de trabalho, as capacidades intelectuais, de procriação ou de fruição sexual, ou a possibilidade de utilizar o corpo, os sentidos ou a linguagem*

Nesta alínea estão previstas lesões funcionais respeitantes à perda ou afectação de determinadas capacidades. Trata-se de danos corporais que podem ter carácter permanente (tirar-lhe) ou temporário (afectar-lhe), bastando que sejam graves[153].

Relativamente à incapacidade de trabalho prevista, no entender de Leal Henriques e Simas Santos[154], ela comporta a «interrupção da actividade do ofendido relacionada com o exercício da sua força laboral». Esta incapa-

---

[150] Paula Faria, *op. cit.*, p. 226. No mesmo sentido, Leal Henriques; Simas Santos, *op. cit.*, pp. 146-147.

[151] Fernando Silva, *op. cit.*, pp. 227.

[152] Teresa Magalhães, Diogo Pinto da Costa, Francisco Corte Real e Duarte Nuno Vieira, *op. cit.*, p. 72.

[153] *Idem*, p. 73. Assim também Fernando Silva, *op. cit.*, 228.

[154] Leal Henriques; Simas Santos, *op. cit.*, p. 147.

## 72 As Lesões Contra a Vida e Contra a Integridade Física dos Cidadãos

cidade está relacionada quer com a profissão da vítima quer com as demais actividades – não profissionais – por ela desenvolvidas. Neste sentido, numa perspectiva médico-legal, falar-se-á, respectivamente, de incapacidade profissional ou de incapacidade geral, consoante o âmbito visado[155].

No que respeita ao prejuízo para as capacidades intelectuais, também ele poderá ser permanente ou temporário. Neste caso, para ser grave, a ofensa terá que afectar «a inteligência e a vontade»[156] da pessoa, implicando que ela não possa pensar e agir da forma que podia fazer normalmente[157].

Quanto à perda ou afectação da capacidade de procriação, para Fernando Silva[158], tal implica que a vítima fique totalmente afectada de procriar ou, pelo menos, que não o consiga fazer por processos naturais e tenha de recorrer a formas artificiais de inseminação. Segundo este autor, não é necessário que a pessoa já fosse portadora de tal capacidade, bastando que, por exemplo, sendo criança, devido à agressão, no futuro, esteja privada dela. Paula de Faria[159], defendendo esta perspectiva, dá como exemplos, a impossibilidade de realizar cópula ou de gerar em sentido estrito, ou ainda, no caso específico da mulher, de conceber ou de ter um parto normal.

Face a estas considerações, parece limitada a perspectiva de Leal Henriques e Simas Santos[160] quando, de modo bastante restrito, advogam que a capacidade de procriação é atingida «sempre que se atinjam os órgãos próprios dessa função, quer por castração (supressão dos órgãos sexuais do homem ou da mulher), quer por esterilização (afectação da capacidade de fecundar, isto é, da capacidade genésica)».

Finalmente, no que concerne à impossibilidade de utilizar o corpo, os sentidos ou a linguagem, estão em causa uma vez mais lesões eminentemente funcionais que, pela sua gravidade, tiram ou afectam a possibilidade de dar o uso devido a estes elementos[161].

No caso corporal, a vítima é incapaz de usar em pleno uma ou várias funções do seu organismo.

---

[155] TERESA MAGALHÃES, DIOGO PINTO DA COSTA, FRANCISCO CORTE REAL e DUARTE NUNO VIEIRA, *op. cit.*, p. 73. De igual modo, também OLIVEIRA E SÁ, *As ofensas corporais no Código Penal: uma perspectiva médico-legal*, n.º 3, 1991, p. 426 e PAULA DE FARIA, *op. cit.*, p. 228.

[156] LEAL HENRIQUES; SIMAS SANTOS, *op. cit.*, p. 147.

[157] FERNANDO SILVA, *op. cit.*, p. 229.

[158] *Idem, Ibidem.*

[159] PAULA DE FARIA, *op. cit.*, pp. 228-229.

[160] LEAL HENRIQUES; SIMAS SANTOS, *op. cit.*, p. 147.

[161] FERNANDO SILVA, *op. cit.*, p. 230.

*I. Introdução* 73

Quanto aos sentidos, essa incapacidade implica que o sujeito deixe de percepcionar o mundo à sua volta por impossibilidade de utilizar a visão, a audição, o olfacto, o gosto ou o tacto[162].

Em relação à linguagem, considerada em sentido lato por Leal Henriques e Simas Santos[163] como «o processo de expressão humana», a sua privação ou afectação implica que a pessoa fique impossibilitada quer de escrever e falar quer de compreender estes tipos de linguagem ao ser usada por outrem. Afigura-se também enquadrável neste âmbito a não possibilidade de comunicação com linguagem corporal.

*c) Provocar-lhe doença particularmente dolorosa ou permanente, ou anomalia psíquica grave ou incurável*

Uma doença particularmente dolorosa corresponde a uma situação clínica que comporta de modo temporário ou permanente grande sofrimento físico para a vítima[164]. No entender de Leal Henriques e Simas Santos[165], «se os tratamentos são penosos, difíceis e prolongados» pode concluir-se que «o ofendido suportou dores elevadas». No mesmo sentido, Fernando Silva[166] considera que esta dor, para além de poder ser aferida, em abstracto, através do conhecimento médico face a determinada doença, ao seu tratamento e ao consequente estado de debilitação, sê-lo-á sempre, em qualquer caso, ao modo como a pessoa foi afectada por ela e à capacidade de resistência demonstrada.

Quanto à permanência da doença provocada, tal ocorrerá quando esta «se instalar no corpo humano de forma prolongada» de modo a que a vítima, durante longo tempo, sofra o seu efeito e se sujeite às suas consequências[167].

A referência a anomalia psíquica grave ou incurável remete para o foro psiquiátrico e engloba todos os casos de afectação profunda das capacidades «mentais e intelectuais». Esta anomalia poderá ser avaliada quanto à sua «gravidade» (efeito e nível de afectação) ou ao seu «carácter incurável» (irreversibilidade) [168].

---

[162] Cf. Paula de Faria, *op. cit.*, p. 230 e Leal Henriques; Simas Santos, *op. cit.*, p. 148.

[163] Leal Henriques, Simas Santos, *op. cit.*, p. 103.

[164] Teresa Magalhães, Diogo Pinto da Costa, Francisco Corte Real e Duarte Nuno Vieira, *op. cit.*, p. 74.

[165] Leal Henriques; Simas Santos, *op. cit.*, p. 148.

[166] Fernando Silva, *op. cit.*, p. 231.

[167] *Idem*, pp. 231-232

[168] *Idem, Ibidem.*

## 74   As Lesões Contra a Vida e Contra a Integridade Física dos Cidadãos

### d) Provocar-lhe perigo para a vida

Neste caso, a ofensa é considerada grave, não exactamente pela lesão ou pela doença causada mas sim pelo facto de a vida do ofendido ter sido seriamente colocada em perigo[169].

Com esta norma, o legislador pretendeu retratar as situações em que o perigo é «(...) sério, actual, efectivo e não remoto ou meramente presumido para a vida do lesado», aqui se incluindo as situações clínicas com «prognóstico reservado»[170]. Neste sentido, Leal Henriques e Simas Santos[171], citando Pinto da Costa, falam de um perigo de vida *in concreto* decorrente do aparecimento de sinais e sintomas de morte próxima como causa directa das lesões sofridas pela vítima. No entender de Paula de Faria[172], esta proximidade existirá quando, «segundo a experiência médica de casos similares» se verificar um «elevado grau de probabilidade e iminência» de ocorrer a morte. No entanto, acrescente-se, este resultado nunca poderá verificar-se, sob pena de se cair no âmbito do crime previsto no art.147.º.

### 2.2.3. *Ofensa à integridade física qualificada*

A qualificação da ofensa à integridade física prevista no art. 145.º do CP, tal como no caso do homicídio qualificado, assenta num critério de culpa agravada que se baseia na especial censurabilidade ou perversidade do agente, conjugada com a técnica dos exemplos padrão[173].

Tal como decorre da letra da lei, o agravamento da culpa do agente pressupõe que este cometa o crime de ofensa à integridade física simples (art.143.º) ou de ofensa à integridade física grave (art.144.º), e que, cumulativamente, revele uma especial censurabilidade ou perversidade. Verificados estes requisitos, há lugar ao aumento dos limites mínimo e máximo das penas abstractamente aplicáveis a cada um daqueles crimes.

O artigo 145.º é uma norma remissiva, pois o n.º 2 aponta para as circunstâncias previstas no n.º 2 do art. 132.º[174]. Isto significa que o

---

[169] Fernando Silva, *op. cit.*, p. 232.
[170] *Ac. Relação de Lisboa*, de 09/04/1991 e *Ac. Relação de Coimbra*, de 11/06/1996.
[171] Leal Henriques; Simas Santos, *op. cit.*, p. 149 .
[172] Paula de Faria, *op. cit.*, p. 232.
[173] Cf. Leal Henriques; Simas Santos, *op. cit.*, p. 162.
[174] Veja-se o reforço da técnica dos exemplos-padrão vertido na letra da lei com a expressão "entre outras" como forma de possibilitar ao julgador a inclusão de circunstâncias não previstas expressamente, cumprindo o espírito exemplificativo do n.º 2 do art.132.º.

fundamento da qualificação é o mesmo que o do crime de homicídio qualificado, para cuja análise se remete[175].

Não obstante esta remissão directa, impõe-se a necessidade de entendimento com as devidas adaptações. Estando neste caso em causa o crime de ofensas à integridade física, não faz sentido falar-se, por exemplo, no prazer de matar previsto na alínea e) do n.º 2 do art. 132.º, nem na intenção de matar por mais de 24 horas constante da alínea j) do mesmo preceito. Para além disto, não deverá nunca confundir-se esta qualificação com o agravamento do art. 144.º ou do art. 147.º. Enquanto que no crime de ofensa à integridade física qualificada está em causa a motivação ou forma de actuar que denotam maior gravidade da conduta do agente, no caso da ofensa à integridade física grave e da agravação do resultado, estão em causa as consequências para o corpo ou a saúde da vítima[176].

### 2.2.4. *Ofensa à integridade física privilegiada*

O art. 146.º do CP prevê a atenuação especial da pena atribuída ao crime de ofensa à integridade física quando haja «uma diminuição sensível da culpa do agente»[177], em virtude de uma exigibilidade diminuída decorrente das circunstâncias previstas no art.133.º. Tal significa que este privilegiamento assenta nos mesmos motivos considerados para o crime de homicídio: compreensível emoção violenta, compaixão, desespero ou motivo de relevante valor social ou moral. De qualquer modo, trata-se de um crime doloso, podendo assumir todas as formas de dolo, independentemente da remissão para o art. 143.º (alínea a) ou para o art. 144.º (alínea b)[178].

### 2.2.5. *Agravação pelo resultado*

Este delito, previsto no art. 147.º do CP, é um crime em que o resultado da acção do agente excedeu a sua intenção[179].

---

[175] Cf. Maia Gonçalves, *op. cit.*, p. 512 e Fernando Silva, *op. cit.*, p. 236.

[176] Quanto às críticas suscitadas pela previsão deste preceito, veja-se Fernando Silva, *op. cit.*, p. 237.

[177] Maia Gonçalves, *op. cit.*, p. 514.

[178] Vítor Pereira; Alexandre Lafayette, *op. cit.* p. 386.

[179] Cf. Maia Gonçalves, *op. cit.*, p. 512; Vítor Pereira; Alexandre Lafayette, *op. cit.* p. 387.

76 *As Lesões Contra a Vida e Contra a Integridade Física dos Cidadãos*

Está-se perante um crime qualificado pelo resultado, caracterizado pela especial combinação do dolo e da negligência[180]. Tal significa que a ofensa tem que ter sido provocada a título de dolo (ainda que só eventual) e o resultado originado (morte ou ofensa à integridade física) ter sido consequência de uma actuação do agente que configure, pelo menos, negligência[181].

No art. 147.º do CP estão previstas duas combinações possíveis entre a acção do agente e o resultado provocado:

*a)* O agente pretende causar na vítima ofensa à integridade física simples (art. 143.º), grave (art. 144.º), qualificada (art. 146.º) ou privilegiada (art. 146.º) e acaba por provocar-lhe a morte (art. 147.º, n.º 1);

*b)* O agente pretende causar na vítima ofensa à integridade física simples (art. 143.º), qualificada (alínea a) do art. 145.º) ou privilegiada (alínea a) do art. 146.º) e acaba por provocar uma ofensa à integridade física grave (art. 144.º).

Quanto a estas possibilidades, Paula de Faria[182], embora admitindo que a morte ou a ofensa à integridade física grave sejam «expressão de um perigo específico que o comportamento do agente envolve», afirma que tem de existir «uma relação de adequação» entre a ofensa à integridade física – que, atendendo à letra da lei, tem mesmo de se verificar – e um daqueles resultados agravados. Em sentido sensivelmente diverso, Fernando Silva[183] defende que em qualquer um destes casos, no apuramento da responsabilidade do agente, não se atende ao resultado da sua acção mas sim ao dolo que ele revelou. Salienta ainda este autor que o resultado não tem que ter origem nas ofensas à integridade física provocadas, bastando apenas que seja imputada à conduta dolosamente empreendida pelo agente.

Em termos de responsabilização do agente, a pena que lhe é atribuída em qualquer destas combinações é agravada nos limites mínimo e

---

[180] PAULA DE FARIA, *op. cit.*, p. 240.

[181] LEAL HENRIQUES; SIMAS SANTOS, *op. cit.*, p. 156. Vide Ac. STJ, de 19/11/1993, Proc. n.º 45041. Esta exigência decorre directamente do disposto no art. 18.º (Agravação pelo resultado) do CP: "Quando a pena aplicável a um facto for agravada em função da produção de um resultado, a agravação é sempre condicionada pela possibilidade de imputação desse resultado ao agente pelo menos por negligência".

[182] PAULA DE FARIA, *op. cit.*, p. 242.

[183] FERNANDO SILVA, *op. cit.*, p. 235.

*I. Introdução* 77

máximo, respectivamente, de um terço e de um quarto, em virtude de existir uma especial censurabilidade do agente na medida em que o perigo específico que envolve o seu comportamento «se concretiza num resultado agravante negligente»[184].

Relativamente ao lapso que medeia a acção dolosa do agente e o resultado agravado negligente, não tem de existir um compasso de espera, considerando-se a aplicação do art.147.º quando a consequência do facto for imediata[185].

### 2.2.6. *Ofensa à integridade física por negligência*

A negligência para o crime de ofensas à integridade física (art.148.º do CP) orienta-se pelos princípios já referidos para o homicídio negligente.

Isto significa que o agente causa a ofensa em circunstâncias que correspondem à «violação do dever objectivo de cuidado», em que lhe era exigível actuar com esse cuidado e em que lhe era possível fazê-lo[186].

No entender de Fernando Silva[187], para a verificação deste crime impõe-se igualmente a demonstração de que a ocorrência da lesão foi devida à omissão do dever de cuidado e que não se produziria igualmente se o agente tivesse agido correctamente, que o resultado não decorre de causas alheias à acção negligente ou que o resultado não extravasa o âmbito de protecção da norma lesada.

O tipo legal de crime tanto pode ser preenchido por acção como por omissão da parte do agente. No caso da omissão, tem que se verificar em relação ao agente o dever de evitar o resultado[188].

A incriminação em causa decorre de duas preocupações essenciais: a elevação da consideração do bem jurídico integridade física e, tal como no crime de homicídio negligente, a resposta a situações quotidianas recorrentes em que a actuação descuidada do agente põe em perigo esse mesmo bem (acidentes de viação, acidentes de trabalho, actos médicos, etc.)[189].

---

[184] PAULA DE FARIA, *op. cit.*, pp. 240 e 244.
[185] PAULA DE FARIA, *op. cit.*, pp. 243 e 245; VÍTOR PEREIRA; ALEXANDRE LAFAYETTE, *op. cit.* p. 387.
[186] PAULA FARIA, *op. cit.*, p. 261.
[187] FERNANDO SILVA, *op. cit.*, p. 239.
[188] PAULA FARIA, *op. cit.*, p. 260.
[189] FERNANDO SILVA, *op. cit.*, pp. 238 e 240.

O n.º 2 do art.148.º prevê a possibilidade de dispensa de pena para os casos em que da ofensa não resulte período substancial de doença ou incapacidade total para o trabalho em geral[190], respectivamente, por mais de 8 dias – para os casos da ofensa ser causada por médico no exercício da sua actividade – e por mais de 3 dias – para os restantes casos. Esta diferenciação é justificada pela consideração de que a actividade médica, por natureza, comporta em si mesma um risco acrescido face às demais e, como tal, impõe-se protegê-la nos casos em que, mesmo quando não são cumpridos na íntegra os deveres de cuidado (obediência à *legis artis*), daí resultam somente lesões físicas mínimas, o que representa uma censurabilidade diminuta. A possibilidade de não punibilidade do agente dada ao julgador tem subjacente o princípio da necessidade do direito penal, segundo o qual as lesões físicas mínimas, não sendo significativas, possam precisamente dispensar a tutela penal[191].

Nos casos em que o agente, actuando com negligência, vier a provocar uma ofensa à integridade física grave, o n.º 3 do art. 148.º prevê o agravamento da pena. Trata-se de uma agravação justificada não pelo diferente tipo de culpa do agente mas sim pelo resultado mais gravoso que a sua conduta propiciou[192].

Este crime tem natureza de semi-público – procedimento depende de queixa – em coerência com a regra prevista para o crime doloso de ofensa à integridade física simples (art.143.º)[193]. No entanto, o crime de ofensa à integridade física por negligência tem sempre esta natureza, mesmo que esteja em causa uma ofensa à integridade física grave(n.º 3)[194].

## 3. DA AVALIAÇÃO MÉDICO-LEGAL NOS CRIMES DE HOMICÍDIO E DE OFENSAS À INTEGRIDADE FÍSICA

Para a avaliação judicial das lesões causadas nos crimes de homicídio e de ofensas à integridade física podem ser utilizados diversos meios de prova. De entre estes cumpre destacar o relatório de exame pericial

---

[190] Este trabalho geral, como já se referiu, comporta quer a actividade profissional quer as demais actividades desenvolvidas pela vítima. O período de incapacidade para o trabalho será estipulado pelo perito médico-legal (Cf. FERNANDO SILVA, *op. cit.*, p. 242).

[191] FERNANDO SILVA, *op. cit.*, pp. 242-243.

[192] *Idem*, p. 241.

[193] Como já se referiu, no caso da ofensa à integridade física simples visar agentes das forças ou serviços de segurança, o crime é público.

[194] MAIA GONÇALVES, *op. cit.*, pp. 515-516.

previsto no art. 157.º do Código de Processo Penal (CPP) e no art. 581.º do Código de Processo Civil (CPC) que, atendendo ao âmbito deste estudo, consoante se esteja perante crimes de homicídio ou de ofensas à integridade física, designar-se-á, respectivamente, relatório de autópsia e relatório de clínica forense.

## 3.1. Relatório de exame pericial

### 3.1.1. *Relatório de autópsia*

De acordo com os Estatutos do Instituto Nacional de Medicina Legal, I.P. (INML) – aprovados pela Portaria n.º 522/2007, de 30 de Abril – compete ao Serviço de Patologia Forense das Delegações e aos Gabinetes Médico-legais a realização das autópsias médico-legais respeitantes aos óbitos verificados, respectivamente, nas comarcas do âmbito territorial de actuação das Delegações e nas comarcas integradas na área de jurisdição dos Gabinetes Médico-legais (art. 11.º, n.º 1; art. 16.º, n.º1).

A autópsia médico-legal, de acordo com o disposto no n.º 1, do art. 18.º, da Lei n.º 45/2004, de 19 de Agosto, tem lugar em casos de "morte violenta ou de causa ignorada", podendo ser dispensada quando, embora tendo ocorrido nestas circunstâncias, existirem informações clínicas que permitam concluir com segurança que não houve crime.

Bernard Knight[195] define autópsia médico-legal ou autópsia forense como aquela que é desenvolvida de acordo com as instruções da autoridade legal responsável pela investigação das mortes súbitas, suspeitas, obscuras, não naturais, litigiosas ou por acção criminosa. O autor estabelece como objectivos da realização deste tipo de autópsia, entre outros, os seguintes: determinação da causa, do modo e da hora da morte; diagnóstico, descrição e interpretação de quaisquer lesões internas ou externas; concretização de um relatório escrito exaustivo sobre as constatações retiradas da própria autópsia numa perspectiva pericial.

Calabuig e Pascual[196] definem autópsia médico-legal ou judicial como aquela em que se investigam lesões ou alterações anátomo-patológicas cuja descoberta permite ajudar no esclarecimento da causa e das

---

[195] BERNARD KNIGHT, *Forensic Pathology*, 2.nd Ed., London: Arnold, 1996, pp. 1-2.

[196] CALABUIG; PASCUAL, *Autopsia médico-legal*, in Calabuig, Medicina Legal y Toxicologia, 5.ª Ed., Barcelona: Masson, 1998, p. 219.

## 80 As Lesões Contra a Vida e Contra a Integridade Física dos Cidadãos

circunstâncias da morte, no sentido de identificar o seu autor e o seu grau de responsabilidade na mesma.

No mesmo sentido destes autores, Duarte Nuno Vieira[197] defende que com a realização da autópsia médico-legal se pretende não só estabelecer a causa da morte como, também, contribuir para a interpretação e correlação dos factos e das circunstâncias que a envolveram, colher e preservar evidências no local da morte e no próprio cadáver, reconstruir os factos, identificar o cadáver, estimar o tempo de morte e facultar um registo detalhado dos elementos médicos observados. Segundo este autor, a autópsia permite igualmente estabelecer o diagnóstico diferencial entre morte natural e morte violenta, entre homicídio, suicídio e acidente, entre lesões de causa adequada e de causa ocasional de morte e acerca da natureza do objecto produtor das lesões que originaram a morte. Possibilita também, de modo mais concreto, o apuramento da posição entre o ofensor e a vítima, do tempo de sobrevida após as lesões, da cronologia das lesões, dos ferimentos vitais e *post mortem*, da influência de substâncias psicotrópicas e, nos casos de mortes provocadas por armas de fogo, da distância e direcção do disparo.

A realização de uma autópsia médico-legal implica sempre a elaboração do respectivo relatório, o qual é enviado à autoridade judiciária que o solicitou. Nele devem constar os seguintes capítulos[198]:

*a)* Informação (informação social, clínica, policial, de imprensa, entre outras);

*b)* Sinais relativos à identificação (sexo, idade, peso, altura, cor dos cabelos, cor da íris, fórmula dentária, tatuagens, sinais particulares, alterações morfológicas);

*c)* Exame do hábito externo (regiões: cabeça, pescoço, tórax, abdómen, regiões dorso-lombar e perineal, membros);

*d)* Exame do hábito interno (regiões: cabeça, pescoço, tórax, abdómen, regiões dorso-lombar e perineal, membros);

*e)* Exames complementares de diagnóstico;

*f)* Discussão;

*g)* Conclusões.

---

[197] DUARTE NUNO VIEIRA, *Autópsia médico-legal: tipos de autópsia, normativos legais e procedimentos preliminares. Objectivos da autópsia médico-legal. Certificação e verificação do óbito* [Apontamentos para o Mestrado em Ciências Forenses 2003/2005 – Tanatologia Forense], 2004, Fotocopiado.

[198] AGOSTINHO SANTOS, *Tanatologia Forense*, [*online*], [Porto]: Delegação do Porto do Instituto Nacional de Medicina Legal, 2005, [citado em 09 de Setembro de 2005], Disponível na Internet em http:/www.inml.mj.pt/uef/TAN_FORENSE 184.pdf.

## 3.1.2. Relatório de clínica forense

Segundo o disposto no art. 12.º da Portaria n.º 522/2007, de 30 de Abril, compete ao Serviço de Clínica Forense das Delegações realizar perícias e exames em pessoas, "para descrição e avaliação dos danos provocados na integridade psicofísica, nos diversos domínios do direito, designadamente no âmbito do direito penal, civil e do trabalho (...)". Tal como acontece para as autópsias, fora das áreas directamente abrangidas pelas Delegações, as perícias e os exames realizam-se nos gabinetes médico-legais das comarcas neles integradas (art. 16.º, n.º 2). Nos casos em que se afigure necessário, os peritos dos gabinetes podem deslocar--se à comarca da residência das pessoas a examinar (n.º 4).

A avaliação realizada no âmbito da Clínica Forense, segundo Teresa Magalhães[199], visa a «descrição pormenorizada do dano e das suas consequências para o ofendido», nomeadamente a natureza, a extensão e os efeitos da agressão no seu corpo e na sua saúde, bem como a eventual criação de perigo para a sua vida. Visa igualmente a prestação de informação acerca da influência da conduta do agente e da adequabilidade da agressão na produção do resultado. A conclusão médico-legal será sempre orientada numa perspectiva científica.

O modelo de relatório pericial de clínica forense actualmente utilizado pelo INML, para avaliar as ofensas à integridade física, é composto pelas partes seguintes:

*a)* Preâmbulo (tipo e data do exame; identificação do processo; identificação da vítima);
*b)* Informação: história do evento; dados documentais;
*c)* Antecedentes: pessoais; familiares; contexto sócio-familiar;
*d)* Estado actual: queixas (funções; situações de vida); exame objectivo (estado geral; lesões e/ou sequelas relacionadas com o evento; lesões e/ou sequelas sem relação com o evento); exames complementares de diagnóstico;
*e)* Discussão;
*f)* Conclusões.

---

[199] TERESA MAGALHÃES; DIOGO PINTO DA COSTA; FRANCISCO CORTE REAL; DUARTE NUNO VIEIRA, *Avaliação do dano corporal em direito penal: breves reflexões médico--legais*, in Revista de Direito Penal, Vol. II, n.º 1, Universidade Autónoma de Lisboa, 2003, p. 68.

# 82    *As Lesões Contra a Vida e Contra a Integridade Física dos Cidadãos*

Consoante se esteja no âmbito penal ou no âmbito cível, o relatório de Clínica Forense será preenchido com conteúdos específicos ao nível da Discussão e das Conclusões, obtendo-se, respectivamente, relatórios relativos a "Ofensas contra a integridade física – Direito Penal" e relatórios relativos à "Avaliação do dano corporal – Direito Civil".

Por outro lado, independentemente de se estar no âmbito penal ou cível, na parte do relatório relativa ao "Exame Objectivo" são sempre indicadas, caso existam, as lesões e as sequelas decorrentes da ofensa à integridade física, de acordo com a região corporal em que se situam.

## 3.2. Avaliação médico-legal nos casos de homicídio

A autópsia compreende o exame do corpo no local, a análise de diversa informação prestada ao perito – designadamente a clínica – a análise da informação social prestada em geral pelos familiares da vítima, a realização da autópsia propriamente dita (incluindo o exame do hábito externo e o exame do hábito interno) e a realização de exames complementares de diagnóstico (toxicológicos, de anatomia patológica e histológica, de genética forense, etc.). A obtenção de uma conclusão sobre o caso concreto é obtida a partir da conjugação dos dados obtidos em cada um destes momentos.

No que concerne à autópsia propriamente dita, quer no exame do hábito externo, quer do interno, o perito deve observar e descrever minuciosamente todas as lesões (patológicas ou traumáticas), fotografando-as sempre que entenda ser necessário.

A descrição das lesões inclui: o tipo de ferimento (e.g. cortante, perfurante, contundente ou misto), a sua localização anatómica precisa, o seu número, a sua forma de evolução, o mecanismo provável da sua produção, as circunstâncias em que ocorreram (sentido, direcção, distância, etc), a violência com que demonstram ter sido produzidas, a origem da sua produção (auto-infligidas, acidentais ou por terceiros), a causa clínica da morte e a etiologia da morte (suicídio, homicídio, acidente ou indeterminada)[200].

---

[200] Cf. Bernard Knight, *Forensic Pathology*, 2.nd Ed., London: Arnold, 1996, pp. 134.

### 3.3. Avaliação médico-legal nos casos de ofensas à integridade física

A realização dos exames de clínica forense implica a realização de um exame clínico à vítima, com a finalidade de verificar, descrever e avaliar as lesões ou sequelas corporais apresentadas, ainda que também importe avaliar as consequências psico-sociais.

Nesta observação consideram-se geralmente as regiões corporais identificadas no Quadro 1[201].

QUADRO 1 – Regiões corporais

| |
|---|
| Crânio |
| Face |
| Pescoço |
| Tórax |
| Abdómen (conteúdo pélvico e períneo incluídos) |
| Ráquis e medula |
| Membros superiores |
| Membros inferiores (pelve óssea incluída) |

A avaliação médico-legal é sempre feita com base num exame clínico que tem em conta as lesões (consequências temporárias) e as sequelas (consequências permanentes), estas últimas descritas nas suas três dimensões: corpo, função e situação.

A descrição destes danos temporários e permanentes recorre, no âmbito do direito penal, ao conteúdo do art. 144.º do CP, e, no âmbito do

---

[201] Cf. TERESA MAGALHÃES, *Clínica Médico-Legal*, [online], [Porto]: Delegação do Porto do Instituto Nacional de Medicina Legal, 2005, [citado em 10 de Setembro de 2005], Disponível na Internet em http:/www.inml.mj.pt/uef/CLIN_MED_LEGAL184.pdf; AGOSTINHO SANTOS, *Tanatologia Forense*, [*online*], [Porto]: Delegação do Porto do Instituto Nacional de Medicina Legal, 2005, [citado em 09 de Setembro de 2005], Disponível na Internet em http:/www.inml.mj.pt/uef/TAN_FORENSE 184.pdf.

# 84  As Lesões Contra a Vida e Contra a Integridade Física dos Cidadãos

direito civil, à doutrina médico-legal nesta área. Deste modo, os danos, ainda que clinicamente semelhantes, podem ser descritos de diferentes formas nos relatórios periciais. Neste estudo, será feita referência mais às sequelas descritas na perspectiva do direito civil por esta forma ser mais abrangente e completa.

### 3.3.1. Avaliação das consequências temporárias

3.3.1.1. Tipo e gravidade das lesões

Segundo a Organização Mundial de Saúde (OMS), lesão é "toda a alteração do equilíbrio biopsicossocial".

Teresa Magalhães[202] define lesão como o «resultado de um traumatismo, manifestando-se por alterações objectivas sofridas por um ou mais órgãos na sua estrutura e/ou funcionamento, podendo ir até à sua perda total». Na opinião da autora, aquelas alterações podem surgir de forma imediata (e.g., fractura ou ferida cutânea) ou tardia (no caso particular das complicações pós-traumáticas), e correspondem «sempre a um estado temporário que evolui até ao estabelecimento das sequelas».

Calabuig e Saiz[203] consideram lesão «toda a alteração anatómica ou funcional ocasionada por agentes externos ou internos». Segundo estes autores, os agentes externos podem ser mecânicos, físicos, químicos, biológicos e psicológicos.

Atendendo à gravidade das lesões, pode estabelecer-se uma escala que permite sistematizar as consequências resultantes das ofensas contra a integridade física, tal como indicado no Quadro 2[204].

---

[202] Teresa Magalhães, *Estudo Tridimensional do Dano Corporal: Lesão, Função e Situação (Sua Aplicação Médico-Legal)*, Coimbra: Livraria Almedina, 1998, p. 94.

[203] Gisbert Calabuig; Murcia Saiz, *Delito de lesiones*, in Gisbert Calabuig, Medicina legal y toxicologia, 5.ª Ed., Barcelona: Masson, 1998, p. 315.

[204] Teresa Magalhães, *Clínica Médico-Legal*, [online], [Porto]: Delegação do Porto do Instituto Nacional de Medicina Legal, 2005, [citado em 10 de Setembro de 2005], Disponível na Internet em http:/www.inml.mj.pt/uef/CLIN_MED_LEGAL184.pdf; Cf. Rogério Eisele; Maria Campos, *Manual de Medicina Forense &Odontologia Legal*, Curitiba: Juruá Editora, 2003, pp. 193-198.

QUADRO 2 – Escala de gravidade das lesões

| Grau de gravidade | Descrição das lesões |
|:---:|:---|
| 0 | Ausência de lesões |
| 1 | Lesões mínimas (ex: escoriações; soluções de continuidade superficiais) |
| 2 | Lesões de importância média (ex: laceração; fractura sem necessidade de tratamento cirúrgico) |
| 3 | Lesões importantes (implicam tratamento cirúrgico) |
| 4 | Lesões muito importantes (potencialmente letais) |

### 3.3.1.2. Períodos de incapacidade temporária e *quantum doloris*

Entre a ocorrência das lesões e a sua consolidação ou entre aquele evento e a estabilização das sequelas, existem consequências de carácter temporário. Nestas incluem-se, por exemplo, a incapacidade de trabalho (IT) – geral e profissional – e o sofrimento físico e psíquico, designado em direito civil por *quantum doloris* (QD).

A incapacidade temporária de trabalho reporta-se a um período de tempo, em dias, compreendido entre o momento em que se produziu a lesão e a determinação da data de consolidação que corresponde, em geral, à alta clínica definitiva[205]. Pode afectar os actos da vida diária, familiar e social da vítima, ou somente a possibilidade de realizar a sua actividade profissional habitual, traduzindo-se, respectivamente, no âmbito do direito civil, em períodos de incapacidade temporária geral e de incapacidade temporária profissional ou para actividades de formação[206].

Estas incapacidades, por seu turno, poderão ainda ser totais ou parciais, consoante impeçam em absoluto ou apenas limitem o trabalho geral ou profissional da vítima[207].

---

[205] VILLANUEVA CAÑADAS; HERNÁNDEZ CUETO, *Valoración médica del daño corporal*, in Gisbert Calabuig, Medicina legal y toxicología, 5.ª Ed., Barcelona: Masson, 1998, p. 459.

[206] TERESA MAGALHÃES, *Clínica Médico-Legal*, [online], [Porto]: Delegação do Porto do Instituto Nacional de Medicina Legal, 2005, [citado em 10 de Setembro de 2005], Disponível na Internet em http:/www.inml.mj.pt/uef/CLIN_MED_LEGAL184.pdf.

[207] ISABELLE BESSIÈRES-ROQUES; CLAUDE FOURNIER; HELÈNE HUGUES-BÉJUI; FABRICE RICHE, *Précis d'évaluation du domage corporel*, 2.ᵉ Ed., Paris: Largus, 2001, p. 169-172.

## 86 As Lesões Contra a Vida e Contra a Integridade Física dos Cidadãos

Nos casos em que das lesões corporais não advém a morte, um dos componentes da avaliação dos danos temporários está relacionado com o sofrimento e a dor suportados pela vítima. Designa-se por *quantum doloris* e comporta, para além da dor física decorrente da lesão propriamente dita e respectivos tratamentos, o sofrimento psíquico, traduzido, por exemplo, em estados de tristeza, desconforto anímico e desânimo, sendo definido como os «sofrimentos padecidos pela vítima em consequência das lesões sofridas desde o momento em que se produziram até à sua cura ou consolidação médico-legal»[208]. Este é um dano do tipo extra-patrimonial. Para a sua avaliação recorre-se actualmente a uma escala quantitativa de 7 graus de gravidade crescente.

### 3.3.2. Avaliação das consequências permanentes

3.3.2.1. *Tipo e gravidade das sequelas*

Considerando que a pessoa, na sua integridade, inclui três dimensões fundamentais – o corpo, as capacidades e o meio ambiente no qual se insere e interage –, qualquer lesão corporal por ela sofrida poderá originar, respectivamente, sequelas lesionais, sequelas funcionais e sequelas situacionais[209].

As sequelas lesionais são «alterações orgânicas permanentes na estrutura anatómica ou funcional do órgão e correspondem a um estado relativamente estabilizado das lesões»[210], podendo descrever-se nas regiões corporais indicadas no Quadro 1.

As sequelas funcionais correspondem às «alterações das capacidades físicas ou mentais (...)» de um indivíduo, de acordo com a sua idade, sexo e raça. Elas surgem como consequência das sequelas lesionais e são influenciadas quer por factores pessoais quer do meio[211].

---

[208] ÁLVARO DIAS, *Dano corporal: quadro epistemológico e aspectos ressarcitórios*, Reimp., Coimbra: Almedina, 2004, p. 368.

[209] TERESA MAGALHÃES, *Estudo Tridimensional do Dano Corporal: Lesão, Função e Situação (Sua Aplicação Médico-Legal)*, Coimbra: Livraria Almedina, 1998, p. 94; Cf. HERNÁNDEZ MEYER E MONTES REYES, *Exploración y evaluación básicas del lesionado en Traumatologia*, in Hernández Cueto, Valoración médica del daño corporal: Guia prática para la exploración y evaluación de lesionados, 2.ª Ed., Barcelona: Masson, 2001, p. 128.

[210] TERESA MAGALHÃES, *op. cit.*, p. 96.

[211] *Idem, Ibidem.*

*I. Introdução* 87

Teresa Magalhães[212] adoptou, para a avaliação do dano corporal em acidentes de viação, grupos de macro-funções para descrever as sequelas funcionais, de acordo com o representado no Quadro 3.

QUADRO 3 – Grupos de sequelas funcionais

| Sequelas funcionais (macro-funções) |
| --- |
| Na postura, deslocamentos e transferências |
| Na manipulação e preensão |
| Na comunicação |
| Nos sentidos e na percepção |
| Na cognição e afectividade |
| No controlo de esfíncteres |
| Na sexualidade e procriação |
| Outras |

As sequelas situacionais ou handicaps, cujos grupos estão representados no Quadro 4, compreendem «a dificuldade ou impossibilidade de uma pessoa efectuar certos gestos necessários à sua participação na vida em sociedade (…)» e são consequência das sequelas lesionais e funcionais, bem como de factores pessoais e do meio[213].

QUADRO 4 – Grupos de sequelas situacionais

| Sequelas situacionais (macro-situações) |
| --- |
| Actos da vida corrente |
| Vida afectiva, social e familiar |
| Vida profissional ou de formação |

Para a medição da gravidade das sequelas lesionais, funcionais e situacionais, inspirando-se no Handicapomètre D.A.C, Teresa Magalhães[214]

---

[212] *Idem*, p. 99.
[213] *Idem*, pp. 96 e 100.
[214] *Idem*, p. 100.

As Lesões Contra a Vida e Contra a Integridade Física dos Cidadãos

propôs a adopção das escalas de gravidade do "Inventário de Avaliação do Dano Corporal" definidas no Quadro 5.

QUADRO 5 – Escalas de gravidade das sequelas lesionais, funcionais e situacionais

| Escala de gravidade das sequelas lesionais | Escala de gravidade das sequelas funcionais e situacionais |
| --- | --- |
| 0 – Sem sequelas | 0 – Sem dificuldades |
| 1 – Sequelas mínimas | 1 – Dificuldades mínimas (lentidão, desconforto) |
| 2 – Sequelas de importância média | 2 – Dificuldades médias (ajuda técnica ou medicamentosa ou adaptação do meio) |
| 3 – Sequelas importantes | 3 – Dificuldades importantes (ajuda humana parcial ou reconversão profissional) |
| 4 – Sequelas muito importantes | 4 – Impossibilidade ou ajuda humana total (de substituição) |

3.3.2.2. *Incapacidade permanente geral, rebate profissional, dano futuro, dano estético, prejuízo de afirmação pessoal e prejuízo sexual*

Após a consolidação médico-legal das lesões, as sequelas podem ser descritas através de parâmetros de danos patrimoniais e extra-patrimoniais.

No que respeita aos danos patrimoniais, estes são apurados através da atribuição de uma taxa de incapacidade permanente, a qual pode acrescer o designado dano futuro.

Considera-se incapacidade permanente geral o estado deficitário de natureza permanente, a nível anátomo-funcional, com rebate nas actividades da vida diária, incluindo as de nível afectivo e social. Designa-se rebate profissional o rebate da incapacidade permanente geral aplicada ao

## I. Introdução

exercício da actividade profissional da vítima aquando do evento ou da data da perícia[215].

A taxa de incapacidade permanente geral calcula-se a partir de uma tabela de incapacidades, sendo utilizada pelo INML, actualmente, a tabela dita do "Concours Medical"[216].

O dano futuro corresponde ao agravamento das sequelas que, segura e previsivelmente irá ocorrer, e que se poderá traduzir num aumento da incapacidade permanente geral[217].

No que respeita aos danos extra-patrimoniais, consideram-se as seguintes consequências permanentes: o dano estético, o prejuízo de afirmação pessoal e o prejuízo sexual.

O dano estético avalia-se numa perspectiva estática e dinâmica, e decorre da avaliação da imagem do ofendido em relação a si mesmo e perante os outros. Trata-se de um dano permanente de natureza não patrimonial que corresponde à alteração do estado de equilíbrio físico-psíquico do lesado como resultado das sequelas físicas que fazem com que ele altere a imagem que tem de si mesmo e o modo como se relaciona com os outros. Para a avaliação deste dano releva, em especial, a natureza, a gravidade, a localização e o carácter permanente ou estático das lesões mas, também, o grau de exposição pública, a maior ou menor susceptibilidade para as questões da imagem, a idade e o sexo da vítima. Para a valorização do dano estético recorre-se a uma escala qualitativa de sete graus de gravidade crescente[218].

O prejuízo de afirmação pessoal, também designado de dano à vida de relação, representa o grau de impossibilidade para a vítima desenvolver os momentos de satisfação estética, física, social e familiar que praticava

---

[215] Teresa Magalhães, *Clínica Médico-Legal*, [online], [Porto]: Delegação do Porto do Instituto Nacional de Medicina Legal, 2005, [citado em 10 de Setembro de 2005], Disponível na Internet em http:/www.inml.mj.pt/uef/CLIN_MED_LEGAL184.pdf. Cf. Villanueva Cañadas; Hernández Cueto, *Valoración médica del daño corporal, in Gisbert Calabuig*, Medicina legal y toxicología, 5.ª Ed., Barcelona: Masson, 1998, p. 460; Isabelle Bessières-Roques; Claude Fournier; Helène Hugues-Béjui; Fabrice Riche, *op. cit.*, pp.187-189.

[216] Teresa Magalhães, *op. cit.*

[217] *Idem.*

[218] Teresa Magalhães, *op. cit.*; Álvaro Dias, *op. cit.*, pp. 376-387. Cf. Armando Braga, *op. cit.*, p. 65; Villanueva Cañadas; Hernández Cueto, *Valoración médica del daño corporal*, in Gisbert Calabuig, Medicina legal y toxicología, 5.ª Ed., Barcelona: Masson, 1998, pp. 463-464; Isabelle Bessières-Roques; Claude Fournier; Helène Hugues-Béjui; Fabrice Riche, *op. cit.*, pp. 181-183.

90    *As Lesões Contra a Vida e Contra a Integridade Física dos Cidadãos*

anteriormente ao evento causador das sequelas, nos quais tinha adquirido determinado nível de notoriedade e que, por conseguinte, representavam para ela um factor de afirmação pessoal. A avaliação deste dano é feita através de uma escala qualitativa de cinco graus de gravidade crescente[219].

O prejuízo sexual traduz a limitação total ou parcial do nível de desempenho e de gratificação sexual decorrente das sequelas físicas e/ou psíquicas, excluindo os aspectos relacionados com a capacidade de procriação. Este prejuízo é fixado pelo perito numa escala de cinco graus de gravidade crescente[220].

## 4. DA RESPONSABILIDADE PENAL, CÍVEL E DISCIPLINAR PELOS CRIMES DE HOMICÍDIO E DE OFENSAS À INTEGRIDADE FÍSICA

A CRP estabelece no seu art. 271.º, n.º 1, que "Os funcionários e agentes do Estado e das demais entidades públicas são responsáveis civil, criminal e disciplinarmente pelas acções ou omissões praticadas no exercício das suas funções e por causa desse exercício de que resulte violação dos direitos ou interesses legalmente protegidos dos cidadãos (...)".

A avaliação da responsabilidade criminal e cível pelos crimes de homicídio e de ofensa à integridade física cometidos pelos agentes da PSP é feita pelos tribunais.

No que concerne à responsabilidade disciplinar, de acordo com o art. 3.º do Regulamento Disciplinar da Polícia de Segurança Pública (RDPSP) – Lei n.º 7/90, de 20 de Fevereiro – e do art. 2.º, n.º1, do Estatuto Disciplinar dos Funcionários e Agentes da Administração Central, Regional e Local do Estado (ED) – Lei n.º 24/84, de 16 de Janeiro – a avaliação compete aos superiores hierárquicos dos agentes.

### 4.1. Responsabilidade penal

Actualmente define-se crime como toda a acção típica, ilícita, culposa e punível[221].

---

[219] TERESA MAGALHÃES, *op. cit*; VILLANUEVA CAÑADAS; HERNÁNDEZ CUETO, *op. cit.*, p. 464; ÁLVARO DIAS, *op. cit.*, p. 391; ARMANDO BRAGA, *op. cit.*, pp. 53-62.

[220] TERESA MAGALHÃES, *op. cit*; Cf. ARMANDO BRAGA, *op. cit.*, p. 98.

[221] TERESA PIZARRO BELEZA, *Direito Penal*, Vol.II, Lisboa: AAFDL, s.d., p. 15; GERMANO MARQUES DA SILVA, *Direito Penal Português*, Vol. II, Lisboa: Verbo, 1997, pp. 41-45.

*I. Introdução*                                                             91

A acção (*nullum crime sine actione*) referida é um facto voluntário, um comportamento humano dominado ou dominável pela vontade
enquanto suporte psíquico, que pode consistir num acto positivo – um
*facere* – ou num acto negativo – um *non facere* ou *omittere* – que origina
um determinado resultado[222].

Este facto tem de ser típico, ou seja, tem de corresponder a um tipo
legal de crime abstractamente previsto na lei (*nullum crimen sine lege*)[223].

Uma conduta é penalmente ilícita quando é contrária ao ordenamento jurídico-penal (antijurídica) de tal forma que este lhe atribui um
juízo de desvalor[224].

Um comportamento é culposo (*nullum crimen sine culpa*) quando
merece um juízo de censura na lei, a título de dolo ou de negligência.

A punibilidade pressupõe um conjunto de pressupostos para a aplicação da lei penal – dignidade penal – a um determinado facto e consequente atribuição de uma pena ou medida de segurança[225].

Para além destes elementos constitutivos, nos crimes materiais ou de
resultado – como são os crimes de homicídio e os crimes de ofensa à
integridade física – para que se verifiquem, exige-se que exista um nexo
de causalidade entre o evento e a conduta do agente, ou seja, que a acção
do agente se revele adequada à produção do resultado[226].

Aplicando estes elementos constitutivos no âmbito deste estudo,
respectivamente, ao crime de homicídio e ao crime de ofensas à integridade física, dir-se-á à partida que, sempre que um elemento policial provocar a morte ou lesão na integridade física de alguém poderá ser por
isso responsabilizado criminalmente.

No entanto, mesmo que exista uma acção do agente que cause a
morte ou ofensa à integridade física de alguém, a responsabilidade criminal não existirá, por exemplo, quando qualquer destes resultados ocorra
em circunstâncias em que se verifiquem causas de exclusão da ilicitude
ou da culpa.

---

[222] EDUARDO CORREIA, *Direito Criminal*, Vol. I, Coimbra: Almedina, 2004, pp. 195-
-213.

[223] TERESA PIZARRO BELEZA, *op. cit.*, p.19.

[224] GERMANO MARQUES DA SILVA, *op. cit.*, pp. 13-15; FIGUEIREDO DIAS, *Direito Penal
Parte Geral. Questões fundamentais: a doutrina do crime*, Coimbra: Coimbra Editora,
2004, p. 253.

[225] TERESA PIZARRO BELEZA, *op. cit.*, p.24; FIGUEIREDO DIAS, *op. cit.*, p. 253.

[226] GERMANO MARQUES DA SILVA, *op. cit.*, p. 56.

## 4.1.1. Causas de exclusão da ilicitude ou causas de justificação

Uma causa de exclusão de ilicitude pressupõe a existência de um facto típico que carece de ilicitude em virtude de se verificar uma causa de justificação[227].

As principais causas de exclusão da ilicitude penal são as previstas no n.º 2 do art. 31.º e preceituadas nos arts. 32.º, 34.º, 36.º, 38.º e 39.º, do Código Penal. No entanto, em consequência do disposto no n.º 1 do art. 31.º - "o facto não é punível quando a sua ilicitude for excluída pela ordem jurídica na sua totalidade" – e da utilização do termo *nomeadamente* no n.º 2 do mesmo artigo, outras causas poderão ser incluídas, quer estejam previstas em preceitos de outros ramos do direito – e.g., Código Civil – quer sejam fixadas pela jurisprudência ou pela doutrina (e.g., legítima defesa preventiva e estado de necessidade defensivo)[228].

No âmbito deste estudo apenas serão abordadas as causas de justificação susceptíveis de serem invocadas pelos agentes da Polícia de Segurança Pública quando em serviço, isto é, imbuídos de prerrogativas de autoridade na relação com os cidadãos, em particular com aqueles sobre os quais aplicam meios coercivos.

### 4.1.1.1. *Legítima defesa*

A legítima defesa é um direito fundamental que, estando enquadrado no âmbito abrangente do direito de resistência consagrado no art. 21.º da CRP, a sua legitimidade carece da impossibilidade de "recorrer à autoridade pública[229].

Ao nível deste estudo importa somente a legítima defesa praticada pelos agentes da Polícia de Segurança Pública em serviço e, como tal, enquanto agentes de autoridade, pelo que o estudo deste instituto se cingirá ao art. 32.º do CP.

Este preceito penal define legítima defesa como "o facto praticado como meio necessário para repelir a agressão actual e ilícita de interesses juridicamente protegidos do agente ou de terceiros". Nele é possível identificar três componentes fundamentais: um pressuposto (a agressão actual e ilícita); um requisito (um facto necessário para repelir uma

---

[227] *Idem*, p. 73.

[228] Fernanda Palma, *op. cit.*, p. 828.

[229] Germano Marques da Silva, *op. cit.*, pp. 90-91.

agressão); um objecto da agressão (quaisquer interesses do defendente ou de terceiros)[230].

A agressão pode ser definida como um facto humano traduzido numa acção ou numa omissão que origine ameaça de lesão ou lesão efectiva de quaisquer interesses juridicamente protegidos[231].

Segundo Figueiredo Dias[232], uma agressão é actual quando está iminente, quando já se iniciou, ou quando ainda persiste. Segundo este autor, uma agressão está iminente quando «o bem jurídico se encontra já imediatamente ameaçado»; uma agressão persiste até ao último momento em que «a defesa é susceptível de pôr fim à agressão (...)».

Taipa de Carvalho[233], embora considerando igualmente como actual uma «agressão iminente, já iniciada ou que ainda perdura», apresenta uma delimitação diversa para o conceito de iminência. Fá-lo com base no regime da tentativa, nomeadamente a partir da definição de actos de execução segundo a al. c) do art. 22.º do CP, que estipula que estes são actos "que, segundo a experiência comum e salvo circunstâncias imprevisíveis," são "de natureza a fazer esperar que se lhes sigam actos" adequados a produzir o resultado lesivo. Este autor advoga que uma agressão perdura, «até ao momento em que o bem jurídico susceptível de legítima defesa seja efectivamente lesado ou o agressor abandone (voluntária ou involuntariamente) a conduta agressiva»[234].

Para ser ilícita, uma agressão não tem obrigatoriamente que ser crime, tendo outrossim que ser contrária ao direito, ser antijurídica, isto é, tem de lesar ou colocar em perigo, em circunstâncias legalmente não permitidas, qualquer interesse juridicamente protegido[235].

No âmbito restrito do direito penal, a legítima defesa aplica-se quer às agressões dolosas quer negligentes mas também àquelas em que o agressor age sem culpa, por exemplo, em casos de inimputabilidade[236]. Quanto

---

[230] *Idem*, pp. 91-95.

[231] Figueiredo Dias, *op. cit.*, p. 386; Cf. Germano Marques da Silva, *op. cit.*, p. 93; Fernanda Palma, *op. cit.*, pp. 66-69 e 828; Taipa de Carvalho, *Direito Penal. Parte Geral: Teoria Geral do Crime*, Vol. II, Porto: Publicações Universidade Católica, 2004, p. 177.

[232] Figueiredo Dias, *op. cit.*, pp. 388-391.

[233] Taipa de Carvalho, *op. cit.*, pp. 184-185.

[234] Taipa de Carvalho, *A legítima defesa: da fundamentação teorético-normativa e preventivo-geral e especial à redefinição dogmática*, s.l.: Coimbra Editora, 1995, p. 303.

[235] Germano Marques da Silva, *op. cit.*, p. 94; Fernanda Palma, *op. cit.*, pp. 591-597.

[236] Eduardo Correia, *Direito Criminal (1965)*, Vol. II, Coimbra: Almedina, 2004, pp. 40-41. Figueiredo Dias, *Direito Penal. Parte Geral: Questões fundamentais – a doutrina geral do crime*, Tomo I, s.l., Coimbra Editora, 2004, pp. 393-394.

94 As Lesões Contra a Vida e Contra a Integridade Física dos Cidadãos

a este particular da defesa contra a agressão de inimputáveis, Fernanda Palma[237] defende que «em caso algum é aceitável que, por causa da solidariedade do agressor não culposo, se venha impor a renúncia à defesa (...)». Em sentido contrário, Taipa de Carvalho[238], defende que «a legítima defesa pressupõe que a "agressão ilícita" seja dolosa (...)».

Relativamente à exigência de a defesa se revelar como o meio necessário para repelir a agressão, tal implica que seja o meio «idóneo para deter a agressão e, caso sejam vários os meios adequados de resposta, ele for o menos gravoso para o agressor»[239], de tal forma que a defesa do bem em causa não poderia ser conseguida através do recurso a outros meios.

No entender de Germano Marques da Silva[240], a necessidade do meio utilizado constitui na lei penal vigente o único limite à legítima defesa, não se exigindo por isso a proporcionalidade entre a defesa e a agressão. Esta não é contudo uma opinião consensual. Ela é questionada em particular quanto à legítima defesa exercida por agentes da autoridade através da utilização de armas de fogo.

O art. 2.º, n.º 1 do DL n.º 457/99, de 05 de Novembro, estabelece que o "recurso a arma de fogo só é permitido em caso de absoluta necessidade, como medida extrema, quando outros meios menos gravosos se mostrem ineficazes [afloramento do princípio da necessidade], e desde que proporcionado às circunstâncias [princípio da proporcionalidade]". Na opinião de Figueiredo Dias[241], este regime sobrepõe-se ao regime geral estabelecido no art. 32.º do CP, pelo que se deverá concluir pela exigibilidade de proporcionalidade dos danos resultantes da acção do defendente sobre o agressor. Este autor fundamenta-se no facto de toda a actuação policial se reger por este princípio como consequência de uma «posição especial do agente [policial] que o obriga a correr riscos mais pesados» e da sua «superior condição física e preparação técnica relativamente ao particular». Taipa de Carvalho[242], concordando com esta

---

[237] FERNANDA PALMA, op. cit., p. 400.

[238] TAIPA DE CARVALHO, op. cit., p. 258; TAIPA DE CARVALHO, Direito Penal. Parte Geral: Teoria Geral do Crime, Vol. II, Porto: Publicações Universidade Católica, 2004, pp. 179-180.

[239] FIGUEIREDO DIAS, Direito Penal. Parte Geral: Questões fundamentais – a doutrina geral do crime, Tomo I, s.l., Coimbra Editora, 2004, p. 396. Assim também, TAIPA DE CARVALHO, Direito Penal. Parte Geral: Teoria Geral do Crime, Vol. II, Porto: Publicações Universidade Católica, 2004, p. 190.

[240] GERMANO MARQUES DA SILVA, op. cit., pp. 96-100.

[241] FIGUEIREDO DIAS, op. cit., p. 407.

[242] TAIPA DE CARVALHO, op. cit., pp. 210-211.

*I. Introdução*

exigibilidade, fala de uma «proporcionalidade qualitativa entre os bens jurídicos objecto da agressão e da acção de defesa», a qual considera extensiva à legítima defesa por particulares. Neste mesmo sentido, já anteriormente Fernanda Palma[243] havia defendido que «um poder subsidiário [legítima defesa privada] não pode ser mais amplo do que um poder originário [legítima defesa pela autoridade]», pelo que, exigindo-se proporcionalidade na actuação da autoridade, sempre se exigirá também na legítima defesa por particulares uma proporcionalidade qualitativa (igualdade de natureza) entre o bem agredido e o bem afectado pela acção de defesa[244].

Questão igualmente controversa em relação aos requisitos gerais da legítima defesa prende-se com a necessidade ou não da existência de intenção de defesa na acção do defendente (*animus defendendi*). Eduardo Correia[245] entendia que «o "animus defendendi" é (...) também um elemento estrutural do conceito de legítima defesa no direito criminal português». Neste sentido aponta ainda hoje a jurisprudência portuguesa, aceitando como correcta a exigência de uma vontade de defesa[246]. No entanto, ao nível da doutrina, tal como ensina Figueiredo Dias[247], a tendência é o abandono deste entendimento e a aceitação de que, tendo o defendente a noção de que está perante uma «situação de legítima defesa, não deverá fazer-se a exigência adicional de uma co-motivação de defesa (…)».

Relativamente aos bens jurídicos susceptíveis de legítima defesa, eles poderão ser quaisquer, do defendente ou de terceiro[248]. Tal significa que não têm de ser necessariamente bens tutelados pela lei penal, podendo, pelo contrário, ser do foro cível, contra-ordenacional ou constitucional, e ter natureza pessoal ou patrimonial[249].

---

[243] Fernanda Palma, *op. cit.*, p. 525.

[244] *Idem*, pp. 253 e sgs.

[245] Eduardo Correia, *Direito Criminal (1965)*, Vol. II, Coimbra: Almedina, 2004, p. 58; Cf. Maia Gonçalves, *op. cit.*, p. 153.

[246] *Vide* Ac do STJ, de 19JUN91, proc. 41647, JP, p. 118; Ac. TRC, de 10OUT84, BMJ, n.º 340, p. 448.

[247] Figueiredo Dias, *op. cit.*, p. 408; Cf. Germano Marques da Silva, op. cit., p. 98 e Taipa de Carvalho, *A legítima defesa: da fundamentação teorético-normativa e preventivo-geral e especial à redefinição dogmática*, s.l.: Coimbra Editora, 1995, pp. 375 e sgs.

[248] Germano Marques da Silva, *op. cit.*, pp. 91-92.

[249] Eduardo Correia, *op. cit.*, p. 50; Figueiredo Dias, *op. cit.*, p. 391; Taipa de Carvalho, *op. cit.*, p. 180.

96     *As Lesões Contra a Vida e Contra a Integridade Física dos Cidadãos*

Taipa de Carvalho[250] limita a inclusão nas situações de legítima defesa aos bens jurídicos individuais vida, integridade física, saúde, liberdade, inviolabilidade do domicílio e património (propriedade, posse e uso), excluindo quaisquer agressões insignificantes.

### 4.1.1.2. *Direito de necessidade*

O direito de necessidade, usualmente designado estado de necessidade objectivo ou estado de necessidade justificante[251], está previsto no art. 34.º do CP. Segundo este preceito "não é ilícito o facto praticado como meio adequado para afastar um perigo actual que ameace interesses juridicamente protegidos do agente ou de terceiros, quando se verifiquem os seguintes requisitos:

*a)* Não ter sido voluntariamente criada pelo agente a situação de perigo, salvo tratando-se de proteger o interesse de terceiro;

*b)* Haver sensível superioridade do interesse a salvaguardar relativamente ao interesse sacrificado; e

*c)* Ser razoável impor ao lesado o sacrifício do seu interesse em atenção à natureza ou ao valor do interesse ameaçado."

O exercício do direito de necessidade tem como pressuposto a existência de "um perigo actual que ameace interesses juridicamente protegidos do agente ou de terceiros". O perigo em causa pode ser devido não só a acção humana – como acontece na legítima defesa – mas também a acontecimentos naturais[252]. A sua actualidade corresponde aos critérios já definidos para a legítima defesa[253].

O objecto do direito de necessidade é qualquer bem ou interesses jurídicos – penais ou não penais[254] – do agente ou de terceiros que sejam ameaçados por um perigo actual.

Em termos de requisitos para o exercício do direito de necessidade, para além de se exigir a verificação cumulativa dos previstos nas alíneas

---

[250] Taipa de Carvalho, *op. cit.*, pp. 483-487.

[251] Teresa Beleza, *Direito Penal*, 2.º Vol., s.l.:AAFDL, 2000, p. 259; Germano Marques da Silva, *op. cit.*, p. 107; Figueiredo Dias, *op. cit.*, p. 413.

[252] Germano Marques da Silva, *op. cit.*, pp. 109-110.

[253] Taipa de Carvalho, *Direito Penal Parte Geral: teoria geral do crime*, Vol. II, Porto: Publicações Universidade Católica, 2004, p. 231.

[254] Figueiredo Dias, *op. cit.*, p. 415; Cf. Taipa de Carvalho, *op. cit.*, p. 231.

a), b) e c), exige-se antes de mais que o meio utilizado para afastar o perigo seja adequado, isto é, idóneo, quer constitua uma acção quer uma omissão.

Quanto ao requisito de não ter sido criada pelo agente a situação de perigo, segundo Figueiredo Dias[255], a justificação só não será admissível quando o agente «premeditadamente criou a situação para poder livrar-se dela à custa da lesão de bens jurídicos alheios».

Relativamente à "sensível superioridade do interesse a salvaguardar" face "ao interesse sacrificado", segundo Figueiredo Dias[256], está em causa «o princípio do interesse preponderante». Para este autor, a hierarquia formal dos bens jurídicos em confronto surge como referência para a avaliação desta preponderância, para ela relevando, por exemplo, a medida legal da pena, a intensidade da lesão do bem jurídico, o grau dos perigos que ameaçam os interesses em jogo e o respeito pela eminente autonomia e dignidade da pessoa. No entanto, deverá ainda considerar-se que essa superioridade se revele «clara, inequívoca, indubitável ou terminante (...) à luz dos factores relevantes de ponderação»[257]. Taipa de Carvalho[258] refere contudo que existem bens que, porque «pertencem ao núcleo essencial dos direito de personalidade (vida, integridade física essencial (...)», nunca podem ser sacrificados para defender outro direito, mesmo que este seja muito superior. Maia Gonçalves[259] realça a este propósito que uma vida nunca pode ser sacrificada no exercício de um direito de necessidade, na medida em que, «sendo o bem jurídico de maior valoração, nunca qualquer outro lhe pode ser superior».

No que concerne à exigência de "ser razoável impor ao lesado o sacrifício do seu interesse em atenção à natureza ou ao valor do interesse ameaçado", Taipa de Carvalho[260] considera que nas situações de direito de necessidade não basta «que o interesse em perigo seja superior ao interesse a sacrificar, mas é ainda necessário que seja ético-juridicamente exigível que o terceiro tolere o sacrifício do seu bem jurídico». Esta solidariedade do terceiro terá sempre como limite «*o núcleo irredutível*

---

[255] FIGUEIREDO DIAS, *op. cit.*, p. 418; Cf. TAIPA DE CARVALHO, *op. cit.*, pp. 237- 240.

[256] FIGUEIREDO DIAS, *op. cit.*, pp. 418-420.

[257] Cf. FERNANDA PALMA, *O estado de necessidade justificante no Código Penal de 1982* in FERNANDA PALMA; CARLOTA DE ALMEIDA; JOSÉ VILALONGA, *Casos e materiais de Direito Penal*, Coimbra: Almedina, 2000, p. 194.

[258] TAIPA DE CARVALHO, *op. cit.*, p. 224.

[259] MAIA GONÇALVES, *op. cit.*, p. 161.

[260] TAIPA DE CARVALHO, *op. cit.*, p. 241.

*da dignidade e autonomia pessoal individual»*[261]. Tal ponderação, no entender de Figueiredo Dias[262], justifica-se porque o facto necessitado lesa não só o bem jurídico de terceiro não implicado, como também o seu «direito de determinação e de auto-realização».

### 4.1.1.3. *Conflito de deveres*

Relativamente ao conflito de deveres, estabelece o art. 36.º, n.º 1, do CP, que "não é ilícito o facto de quem, em caso de conflito no cumprimento de deveres jurídicos ou de ordens legítimas da autoridade, satisfizer dever ou ordem de valor igual ou superior ao do dever ou ordem que sacrificar".

Na opinião de Figueiredo Dias[263], o conflito de deveres existe apenas quando numa situação colidem diferentes deveres de acção mas apenas um deles, de valor igual ou superior, pode ser cumprido. Neste caso, mesmo perante deveres iguais, o agente terá sempre de cumprir um deles, sob pena de a sua acção ser ilícita[264]. A opção pelo cumprimento de um dos deveres não deve contudo «resultar simplesmente da hierarquia dos bens jurídicos em colisão, mas da ponderação global e concreta dos interesses em conflito».

Afigura-se doutrinariamente consensual que não poderá enquadrar-se como conflito de deveres uma situação em que tal conflito ocorre entre um dever de acção e um dever de omissão, casos que deverão ser antes analisados como colisão de bens ou interesses e, como tal, decididos segundo os princípios do direito de necessidade[265].

Quanto à sua natureza, os deveres jurídicos em causa não têm que ser ambos jurídico-penais, mas um deles tem necessariamente de o ser[266].

Tal como resulta da al. c) do n.º 2 do art. 31.º, o dever a cumprir pode igualmente ser "imposto por lei ou por ordem legítima de autoridade". No caso do dever imposto por lei existe uma norma jurídica – de

---

[261] TAIPA DE CARVALHO, A *legítima defesa: da fundamentação teorético-normativa e preventivo-geral e especial à redefinição dogmática*, s.l.: Coimbra Editora, 1995, p. 288.

[262] FIGUEIREDO DIAS, *op. cit.*, p. 422.

[263] FIGUEIREDO DIAS, *op. cit.*, pp. 437-439.

[264] Cf. GERMANO MARQUES DA SILVA, *op. cit.*, p. 124.

[265] TAIPA DE CARVALHO, *Direito Penal Parte Geral: teoria geral do crime*, Vol. II, Porto: Publicações Universidade Católica, 2004, p. 252; GERMANO MARQUES DA SILVA, *op. cit.*, p. 124.

[266] *Idem*, p. 250.

*I. Introdução* 99

qualquer ramo do direito – que impõe esse dever ao agente. Quando é imposto por ordem legítima de autoridade, existe uma norma que autoriza essa autoridade a emanar tal ordem e que vincula o destinatário ao seu cumprimento. Esta subordinação verifica-se quer entre os cidadãos e as autoridades do Estado quer no seio dos funcionários públicos nas relações de superior hierárquico e subordinado[267].

Saliente-se contudo que no caso das "ordens legítimas da autoridade" torna-se necessário que estas ordens sejam legais, que a autoridade tenha capacidade para as dar, e que as emane de forma correcta[268].

No âmbito deste estudo releva em especial o conflito de deveres jurídicos que um agente de autoridade enfrente no exercício das suas funções. Um caso típico de dever imposto por lei é a detenção de suspeito em flagrante delito, decorrente do art. 255.º, n.º 1, alín. a), do CPP. O conflito pode surgir, por exemplo, quando o agente, ao tentar impedir a fuga do suspeito que se faz transportar num motociclo decide não o fazer pois verifica que, circulando o mesmo já a cerca de 70 Km/h, a única forma de o deter é derrubá-lo e não o faz, deixando-o seguir, para não lhe causar perigo para a vida, o que poderia ocorrer com a queda. Neste caso, o agente tinha o dever legal de proceder à detenção mas também o de não colocar em perigo a vida do suspeito de forma desproporcional.

O conflito de deveres coloca-se igualmente quando o agente, estando numa posição de subalternidade, está vinculado ao dever de obediência ao seu superior hierárquico[269].

De acordo com o n.º 2 do art. 36.º do CP, este "dever de obediência hierárquica cessa quando conduzir à prática de um crime", sendo o incumprimento de tal ordem justificado e, como tal, não ilícito, quer em termos disciplinares quer penais ou de outra ordem. Este preceito tem por base o n.º 3 do art. 271.º da CRP, que estabelece que "cessa o dever de obediência sempre que o cumprimento das ordens ou instruções implique a prática de qualquer crime".

---

[267] Cf. Germano Marques da Silva, *op. cit.*, pp. 119-120.

[268] *Idem*, p. 120.

[269] Segundo o n.º 7 do art. 3.º do DL n.º 24/84, de 16 de Janeiro, os funcionários e agentes da Administração Central, Regional e Local, estão sujeitos ao dever de obediência, que "(...) consiste em acatar e cumprir as ordens dos seus legítimos superiores hierárquicos, dadas em objecto de serviço e com a forma legal. De igual modo, o art. 10.º, n.º 1, do Regulamento Disciplinar da Polícia de Segurança Pública estabelece que "O dever de obediência consiste em acatar e cumprir prontamente as ordens do superior hierárquico, dadas em matéria de serviço e na forma legal."

## 100 *As Lesões Contra a Vida e Contra a Integridade Física dos Cidadãos*

Este conflito de deveres pode verificar-se, por exemplo, quando um agente policial recebe do seu superior hierárquico uma ordem para executar um disparo com a arma de serviço contra um cidadão em fuga e, deste modo, de forma ilegítima, colocar em perigo a vida ou a integridade física desse cidadão. Segundo o art. 36.º do Código Penal, o agente deverá não acatar a ordem do seu superior pois ela constitui um crime, salvaguardando assim um valor superior.

### 4.1.1.4. *Consentimento do titular do interesse jurídico lesado*

O consentimento enquanto causa de exclusão da ilicitude encontra-se estabelecido no art. 38.º do CP. Segundo o n.º 1 deste preceito, "Além dos casos especialmente previstos na lei, o consentimento exclui a ilicitude do facto quando se referir a interesses jurídicos livremente disponíveis e o facto não ofender os bons costumes".

Relativamente à questão da disponibilidade dos bens juridicamente protegidos, no entender de Germano Marques da Silva[270], eles podem ser bens pessoais ou patrimoniais.

De entre os bens pessoais, a vida não poderá ser considerada um bem disponível, o mesmo acontecendo com «quaisquer outros direitos de personalidade elementares»[271].

Relativamente ao bem jurídico integridade física, para efeitos de consentimento, o art. 149.º, n.º 1, do CP, considera-o um bem "livremente disponível". Taipa de Carvalho[272] defende contudo que para as lesões que afectarem a integridade física "essencial" (art.º 144.º do CP – ofensa à integridade física grave) ou que, afectando a integridade física "não essencial" (art. 143.º do CP – ofensa à integridade física simples), possam ser consideradas «graves ou irreversíveis», tal disponibilidade não é admissível.

No que concerne ao requisito de não ofensa dos bons costumes, numa perspectiva genérica, Germano Marques da Silva[273] escreve que o facto consentido não ofende os bons costumes quando o agente actuar de acordo «com as regras de convivência que, num dado ambiente e em certo momento, são comummente admitidas».

---

[270] Germano Marques da Silva, *op. cit*, p. 128; Cf. Figueiredo Dias, *op. cit.*, pp. 445-446.

[271] Figueiredo Dias, *op. cit.*, p. 447; Cf. Germano Marques da Silva, *op. cit.*, p. 128 e Taipa de Carvalho, *op. cit.*, p. 282.

[272] Taipa de Carvalho, *op. cit.*, p. 284.

[273] Germano Marques da Silva, *op. cit*, p. 88.

I. *Introdução* 101

No âmbito restrito do direito à vida, Figueiredo Dias[274] é peremptório ao afirmar que o consentimento para que alguém cometa homicídio sobre a sua pessoa jamais excluirá a ilicitude por se tratar de «um facto contra os bons costumes».

Relativamente ao direito à integridade física, a não contrariedade do facto consentido aos bons costumes impõe uma análise mais alargada.

A resposta a esta problemática deve antes de mais buscar-se no n.º 2 do art. 149.º do CP. Este preceito estabelece que "para decidir se a ofensa ao corpo ou à saúde contraria os bons costumes tomam-se em conta, nomeadamente, os motivos e os fins do agente ou do ofendido, bem como os meios empregados e amplitude previsível da ofensa." Na opinião de Figueiredo Dias[275], o consentimento será ineficaz quando o facto consentido encerrar «uma gravidade e (sobretudo) uma irreversibilidade tais que fazem com que, (...), apesar da disponibilidade de princípio do bem jurídico, a lei valore mais a sua lesão do que a auto-realização do seu titular». Neste sentido, Costa Andrade[276] defende que a contrariedade aos bons costumes não se refere ao consentimento em si mas sim ao facto consentido e não remete para a contrariedade à moral. O mesmo autor considera que, no respeitante às ofensas à integridade física, não se afiguram contra os bons costumes os factos que apenas acarretem «lesões simples», sendo-o antes, de um modo geral, aqueles que impliquem lesões «graves e irreversíveis».

Quanto à forma de expressar o consentimento, o n.º 2 do art. 38.º do CP obriga que este seja dado "por qualquer meio que traduza uma vontade séria, livre e esclarecida do titular do interesse juridicamente protegido (...)". No entender de Germano Marques da Silva[277], isto significa que o consentimento «deve ser consciente, isto é, resultante de uma vontade esclarecida, devidamente ponderado e concreto, tendo (...) em vista situações determinadas». Segundo Costa Andrade e Figueiredo Dias[278], a liberdade e esclarecimento do consentimento implica, respectivamente, a ausência de vícios de vontade – e.g., engano, ameaça, erro e coacção –

---

[274] Figueiredo Dias, *op. cit.*, p. 447.

[275] Figueiredo Dias, *op. cit.*, p. 449.

[276] Costa Andrade in *Comentário Conimbricense ao Código Penal: Parte Especial – Artigos 131.º a 201.º*, Coimbra: Coimbra Editora, 1999, pp. 291-292; Cf. Maia Gonçalves, *op. cit.*, p. 168; Figueiredo Dias, *op. cit.*, p. 451 e Leal Henriques; Simas Santos, *Código Penal: Referências doutrinárias. Indicações legislativas. Resenha Jurisprudencial*, 2.ª Ed., Vol. II, s.l.: Rei dos Livros, s.d., p. 169.

[277] Germano Marques da Silva, *op. cit.*, p. 129

[278] Costa Andrade, *op. cit.*, pp. 284-289; Figueiredo Dias, *op. cit.*, pp. 451-452.

## 102   *As Lesões Contra a Vida e Contra a Integridade Física dos Cidadãos*

e o conhecimento, por parte do titular do direito, do tipo de execução e das consequências do facto.

O n.º 3 do art. 38.º do CP limita a eficácia do consentimento aos casos em que este "for prestado por quem tiver mais de 16 anos e possuir o discernimento necessário para avaliar o seu sentido e alcance no momento em que o presta". Trata-se de uma cláusula que obriga que o consentimento seja dado por alguém capaz, não só em razão da idade (mais de 16 anos) mas também em razão do discernimento decorrente da normalidade psíquica. No caso da menoridade, por princípio, o consentimento será dado pelo representante legal, exceptuando, por exemplo, os casos de ofensas corporais graves ou de intervenções médico-cirúrgicas fora dos pressupostos do art. 150.º do CP[279].

Relativamente ao conhecimento do consentimento pelo agente, quando este não ocorrer, o agente é punido "com pena aplicável à tentativa" (n.º 4).

O n.º 1 do art. 39.º do CP equipara ao consentimento expresso e efectivo o consentimento presumido. O n.º 2 deste preceito dispõe que "há consentimento presumido quando a situação em que o agente actua permitir razoavelmente supor que o titular do interesse juridicamente protegido teria eficazmente consentido no facto, se conhecesse as circunstâncias em que este é praticado". Trata-se de situações em que o titular do bem jurídico não consentiu expressamente na ofensa mas, dadas as circunstâncias, é de presumir que tê-lo-ia feito se lhe tivesse sido possível pronunciar-se atempadamente[280].

### 4.1.2. *Causas de exclusão da culpa ou causas de exculpação*

As causas de exclusão da culpa traduzem-se nas circunstâncias que impedem que determinado acto considerado ilícito possa ser atribuído de forma culposo ao seu autor e que, como tal, «anulam o conhecimento ou a vontade do agente»[281].

No cômputo geral da lei penal portuguesa, apesar de não existir uma enumeração sistemáticas destas causas, podem isolar-se as seguintes: coacção, inimputabilidade, estado de necessidade desculpante, obediência indevida desculpante, excesso de legítima defesa e erro.

---

[279] Costa Andrade, *op. cit*, pp. 283-284; Figueiredo Dias, *op. cit.*, p. 451.

[280] Figueiredo Dias, *op. cit.*, p. 453.

[281] Simas Santos; Leal Henriques, *Noções Elementares de Direito Penal*, 2.ª Ed., s.l.: Editora Rei dos Livros, 2003, p. 109.

## 4.1.2.1. *Coacção*

A coacção existe sempre que o agente é forçado a cometer o facto. Nos casos em que a coacção é física, o agente não actua por vontade própria sendo instrumento da violência física de outro. Quando a coação é moral, o agente tem a possibilidade de escolha, age por opção sua mas tal decisão é condicionada pelo medo[282].

## 4.1.2.2. *Inimputabilidade*

O Código Penal distingue dois tipos de inimputabilidade: em razão da idade e em razão de anomalia psíquica.

No primeiro caso, o art. 19.º do CP preceitua que "os menores de 16 anos são inimputáveis", pelo que, no âmbito deste estudo, este tipo não releva.

Já quanto ao segundo, o n.º 1 do art. 20.º do CP estabelece que "é inimputável quem, por força de uma anomalia psíquica, for incapaz, no momento da prática do facto, de avaliar a ilicitude deste ou de se determinar de acordo com essa avaliação".

A inimputabilidade, na opinião de Figueiredo Dias[283] compreende «todo e qualquer transtorno ocorrido ao inteiro nível do psíquico, adquirido ou congénito», aqui se englobando, por exemplo, as psicoses, a oligofrenia, as psicopatias, as neuroses, as anomalias sexuais e as perturbações profundas da consciência.

Ainda no âmbito da anomalia psíquica, no n.º 2 do art. 20.º do CP, prevê-se ainda que "pode ser declarado inimputável quem, por força de uma anomalia psíquica grave, não acidental e cujos efeitos não domina, sem que por isso possa ser censurado, tiver, no momento da prática do facto, a capacidade para avaliar a ilicitude deste ou para se determinar de acordo com essa avaliação sensivelmente diminuía". Neste preceito enquadram-se os casos em que o agente é particularmente perigoso e tem a capacidade para avaliar a ilicitude dos seus actos e por ela se determinar muito diminuída, embora lhe seja ainda atribuído um juízo de culpa[284].

O n.º 4 ressalva a não exclusão da imputabilidade "quando a anomalia psíquica tiver sido provocada pelo agente com intenção de praticar

---

[282] Germano Marques da Silva, *op. cit.*, pp. 195-197.
[283] Figueiredo Dias, *op. cit.*, pp. 531-534; Simas Santos; Leal Henriques, *op. cit.*, p. 308.
[284] Germano Marques da Silva, *op. cit.*, pp. 156-157.

# 104  *As Lesões Contra a Vida e Contra a Integridade Física dos Cidadãos*

o facto". Este preceito aplica-se apenas às situações em que o agente, de forma pré-ordenada, se colocou em estado de inimputabilidade com a intenção de praticar o crime (*actio libera in causa*), por exemplo, embriagando-se ou drogando-se[285].

### 4.1.2.3. *Estado de necessidade desculpante*

O n.º 1 do art. 35.º exclui a culpa de "quem praticar um facto ilícito adequado a afastar um perigo actual, e não removível de outro modo, que ameace a vida, a integridade física, a honra ou a liberdade do agente ou de terceiro, quando não for razoável exigir-lhe, segundo as circunstâncias do caso, comportamento diferente".

Tal como no direito de necessidade, também no estado de necessidade desculpante a actualidade do perigo para bens jurídicos do agente ou de terceiro se constitui como um pressuposto. No entanto, no estado de necessidade desculpante admite-se que o bem protegido pelo agente seja de valor igual ou menor ao por ele sacrificado, em virtude de não lhe ser exigível comportamento diverso face às circunstâncias em concreto[286]. Tal diferença de valor só não será admissível quando se verificar uma «crassa desproporção dos bens em jogo»[287].

Quanto à adequação do facto praticado pelo agente para afastar o perigo, considerar-se-á como tal se for idóneo e o menos lesivo possível para o ofensor[288].

Relativamente à impossibilidade de o perigo não ser removível de outro modo, exige-se que se o agente poder afastar o perigo sem colocar ele mesmo também em perigo bens jurídicos do ofensor deve fazê-lo. De igual modo se exige que o agente «escolha o meio adequado menos oneroso para os direitos do terceiro não implicado» nos factos que constituem o perigo para o agente[289].

Os bens previstos no n.º 1 são bens jurídicos eminentemente pessoais, concretamente, a vida, a integridade física, a honra e a liberdade[290].

---

[285] Germano Marques da Silva, *op. cit.*, p. 158; Maia Gonçalves, *op. cit.*, p. 114; Leal Henriques; Simas Santos, *op. cit.*, p. 116; Figueiredo Dias, *op. cit.*, p. 545; Taipa de Carvalho, *op. cit.*, p. 318.

[286] Germano Marques da Silva, *op. cit.*, p. 198.

[287] Figueiredo Dias, *op. cit.*, p. 568.

[288] Taipa de Carvalho, *op .citi.*, p. 361.

[289] Figueiredo Dias, *op. cit.*, p. 563.

[290] Maia Gonçalves, *op. cit.*, p. 163; Simas Santos; Leal Henriques, *op. cit.*, p. 118; Figueiredo Dias, *op. cit.*, p. 564.

*I. Introdução* 105

Quanto à exclusão da culpa quando a acção do agente visar afastar o perigo para bens jurídicos de um terceiro, no entender de Figueiredo Dias[291], poderá tornar-se problemática quando tal circunstância não for susceptível de «provocar no agente uma pressão igual ou análoga à que teria lugar se os bens jurídicos em perigo fossem do agente». No entender deste autor, nestes casos, a forma mais adequada para afastar esta dúvida assenta na cláusula "segundo as circunstâncias do caso". Com a mesma preocupação, Taipa de Carvalho[292] defende que o terceiro deverá ser alguém com quem o agente tem «um especial vínculo pessoal», uma «proximidade existencial», mesmo que só uma «estreita amizade».

A todos os pressupostos anteriores haverá sempre que considerar não ser razoável exigir ao agente, segundo as circunstâncias do caso, comportamento diferente. Esta exigência consubstancia «a verdadeira cláusula de inexigibilidade» em que se enquadra o estado de necessidade desculpante[293]. A razoabilidade referida na letra da lei supõe a avaliação da acção do agente à luz da personalidade de um «homem dotado de uma resistência espiritual normal», de forma a concluir que qualquer cidadão fiel ao direito teria provavelmente actuado do mesmo modo[294]. Daqui se excluem os casos em que o agente se encontra numa situação jurídica em que a lei lhe exige que suporte de modo especial o perigo, como é o caso de qualquer elemento policial, ou em que o próprio agente, pelo menos negligentemente, se colocou na situação de perigo[295].

No entanto, o n.º 2 do art. 35.º prevê a atenuação especial ou mesmo a dispensa de pena para os casos em que sejam ameaçados bens jurídicos diferentes da vida, da integridade física, da honra ou da liberdade, do agente ou de terceiro, desde que se verifiquem os demais pressupostos do n.º1. Este preceito reflecte um problema de punibilidade consubstanciado no facto de, dadas as circunstâncias, apesar de subsistir a culpa, ser de admitir a diminuição ou a exclusão da pena[296]. No entender de Maia Gonçalves[297], o que aqui se trata é de casos de «não exigibilidade parcial», por oposição à «não exigibilidade total» do n.º 1.

---

[291] FIGUEIREDO DIAS, *op. cit.*, p. 564.
[292] TAIPA DE CARVALHO, *op. cit.*, p. 363.
[293] FIGUEIREDO DIAS, *op. cit.*, p. 565.
[294] *Idem*, p. 561.
[295] TAIPA DE CARVALHO, *op. cit.*, pp. 366-367; FIGUEIREDO DIAS, *op. cit.*, pp. 566-567.
[296] FIGUEIREDO DIAS, *op. cit.*, p. 569.
[297] MAIA GONÇALVES, *op. cit.*, p. 163.

## 4.1.2.4. *Obediência indevida desculpante*

O art. 37.º do Código Penal exclui a culpa do "funcionário que cumpre uma ordem sem conhecer que ela conduz à prática de um crime", desde que isso são seja "evidente no quadro das circunstâncias por ele representadas".

Este preceito, tal como o art. 36.º, tem subjacente o dever de obediência hierárquica. No entanto, enquanto que, quer o n.º 2 do art. 36.º do CP quer o n.º 3 do art. 271.º da CRP, pressupõem que o agente conheça a ilicitude dos actos que lhe são ordenados e, como tal, está obrigado a não obedecer, neste caso, não é evidente para o agente que a ordem do superior seja manifestamente ilegal e, por isso, ele cumpre-a por que a tal está obrigado. Ou seja, o agente não deveria obedecer mas obedece, mas de um modo não censurável[298].

Na opinião de Figueiredo Dias[299], a obediência indevida desculpante, consubstancia, em última instância, «uma regulação especial do problema da falta de consciência do ilícito do subordinado que recebeu e cumpriu a ordem».

Relativamente ao requisito de não ser evidente para o agente que, no quadro das circunstâncias específicas, a ordem do seu superior conduz à prática de um facto ilícito, importa esclarecer que tal falta de evidência só releva quando, naquelas circunstâncias, a «ilicitude do facto se revelar *discutível, controvertida, obscura* ou mesmo só *pouco clara* (…)»[300]. Nas palavras de Maia Gonçalves[301], em termos objectivos, a ausência de evidência deve ser avaliada para o homem médio, quando colocado nas circunstâncias que o agente representou.

Nos casos de obediência indevida desculpante, como a ilicitude do facto praticado pelo funcionário se mantém, não obstante a exclusão da culpa no seu desconhecido, terá sempre que existir uma responsabilização do superior que transmitir a ordem conducente à prática de um crime[302].

## 4.1.2.5. *Excesso de legítima defesa não punível*

O art. 33.º do CP (excesso de legítima defesa) prevê que nos casos em que o meio empregado não seja considerado o necessário à agressão,

---

[298] Germano Marques da Silva, *op. cit.*, p. 218.
[299] Figueiredo Dias, *op. cit.*, p. 597.
[300] *Idem, op. cit.*, p. 600.
[301] Maia Gonçalves, *op. cit.*, p. 166.
[302] Figueiredo Dias, *op. cit.*, p. 596.

*I. Introdução*    107

a defesa é excessiva e, como tal, constitui um facto ilícito. A legítima defesa continua admissível face à agressão em causa mas há um "excesso dos meios empregados". Este acto excessivo tem contudo uma atenuação penal. O n.º 1 estabelece precisamente que "(...) o facto é ilícito mas a pena pode ser especialmente atenuada".

O mesmo já não acontece nos casos do n.º 2 do mesmo preceito. Nele se prevê uma espécie de legítima defesa privilegiada, estabelecendo-se que "o agente não é punido se o excesso resultar de perturbação, medo ou susto, não censuráveis". Considera-se aqui excluída a culpa do agente, sendo por isso que ele não é punido.

Excesso de legítima defesa é a acção que, enquadrada numa situação de legítima defesa, «se materializa na utilização de um meio desnecessário para repelir a agressão». Existe uma correspondência negativa entre a necessidade do meio de defesa e o excesso de legítima defesa[303]. O excesso refere-se ao meio utilizado na defesa e não directamente aos resultados.

Ao abordar a legítima defesa como causa de justificação apurou-se que, quando existe excesso dos meios empregues pelo agente para repelir uma agressão actual e ilícita, o facto praticado pelo agente é ilícito (art. 33.º, n.º1 do CP).

De um modo geral, considera-se que existe excesso de legitima defesa sempre que o agente, «numa situação de legítima defesa, se serve de um meio mais lesivo para o agressor do que aquele que seria necessário»[304].

Este excesso pode resultar de uma vontade consciente do agente, de negligência ou de um caso fortuito[305].

Para o primeiro caso, o agente actua com dolo e, como tal, o facto por ele praticado é ilícito e culposo e, por isso, punível.

Quando actua com negligência, o agente será punido ou não consoante o facto por si praticado admitir ou não a negligência.

Em quaisquer uma destas situações, o facto é ilícito e, consequentemente, o agente é punido, embora a pena possa ser especialmente atenuada.

Os factores "perturbação, medo ou susto", previstos no n.º 2 do art. 33.º do CP, caracterizam as situações susceptíveis de enquadrar o excesso como caso fortuito. Quando estes factores não forem censuráveis – o que acontecerá sempre que não houver culpa no excesso – o agente não é

---

[303] TAIPA DE CARVALHO, *A legítima defesa: da fundamentação teorético-normativa e preventivo-geral e especial à redefinição dogmática*, s.l.: Coimbra Editora, 1995, pp. 344 e 347; FIGUEIREDO DIAS, *op. cit.*, p. 398.

[304] FIGUEIREDO DIAS, *op. cit.*, p. 573.

[305] GERMANO MARQUES DA SILVA, *op. cit.*, pp. 103-104.

108  *As Lesões Contra a Vida e Contra a Integridade Física dos Cidadãos*

punido. A não censurabilidade deriva da compreensibilidade e aceitabilidade de que a agressão possa causar no agente o chamado estado de afecto asténico, que pode manifestar-se, precisamente, na perturbação, medo ou susto não censuráveis. Isto significa que se o excesso resultar de estados de afecto esténicos, como a cólera, o ódio ou a vingança, já não haverá desculpação mas sim a punibilidade do agente, embora enquadrado no n.º 1 do art.33.º[306].

Relativamente ao excesso de legítima defesa asténico cometido por elementos das forças de segurança, a doutrina, de modo praticamente unânime, considera que estas pessoas, em virtude de estarem frequentemente expostos a situações de conflito e de, à partida, terem uma preparação técnica e psicológica especial para as solucionar de forma adequada e proporcional, não se podem perturbar ou assustar e perderem o controlo ao tentarem impedir a ofensa e, por isso, em caso de desnecessidade dos meios utilizados, a sua acção será sempre ilícita[307].

Situação diversa do excesso de legítima defesa é a defesa putativa. Neste caso, o agente age fundamentando-se na «falsa representação dos pressupostos objectivos necessários à legítima defesa»[308]. Existe, nestes casos, erro sobre as circunstâncias de facto, aplicando-se os princípios gerais sobre o erro, *maxime*, os constantes no art. 16.º, n.º 2, do CP.

### 4.1.2.6. *O erro*

O erro, entendido como a falsa representação da realidade, é apresentado no sistema jurídico português em dois tipos: erro sobre as circunstâncias do facto ou erro sobre o facto típico (art. 16.º do CP) e erro sobre a ilicitude (art. 17.º, do CP).

O art. 16.º, n.º 1, 1.ª parte, estabelece que "o erro sobre elementos de facto ou de direito de um tipo de crime (…) exclui o dolo". Enquadram-se aqui as situações em que o agente faz uma representação errada sobre um elemento descritivo ou normativo do tipo de crime[309].

A 2.ª parte deste mesmo preceito determina igualmente a exclusão do dolo nos casos de erro "sobre proibições cujo conhecimento for razoa-

---

[306] *Idem*, pp. 104-105; Figueiredo Dias, *op. cit.*, p. 574; Taipa de Carvalho, *Direito Penal. Parte Geral: Teoria geral do crime*, Vol. II, Porto: Publicações Universidade Católica, 2004, p. 350; Cf. Eduardo Correia, *op. cit.*, p. 68.

[307] Taipa de Carvalho, *op. cit.*, pp. 353-356.

[308] Eduardo Correia, *op. cit.*, p. 49.

[309] Germano Marques da Silva, *op. cit.*, p. 206.

velmente indispensável para que o agente possa tomar conhecimento da ilicitude do facto". Trata-se de um erro sobre proibições referentes a crimes cuja punibilidade não se pode presumir conhecida de todos os cidadãos[310].

O n.º 2 do art. 16.º dispõe que "o preceituado no número anterior abrange o erro sobre um estado de coisas que, a existir, excluiria a ilicitude do facto ou a culpa do agente". Aqui o agente configura uma situação que na verdade não existe ou pelo menos não existe da forma que ele supõe mas que, caso existisse, configuraria causa de justificação ou de desculpação[311]. Trata-se de um erro de representação da realidade, isto é, um erro intelectual, em que o agente pensa, de forma errada, que estão verificadas circunstâncias às quais a lei atribui um efeito desculpante quando, na realidade, tal não acontece[312].

Em qualquer destes casos, de acordo com o n.º 3 do art.º 16.º, o dolo é excluído, subsistindo a possibilidade de o agente ser punido a título de negligência, caso tenha havido negligência e o facto for punível a este título. Caso contrário, o agente não é punido[313].

O art. 17.º, n.º1, do CP, prevê a exclusão da culpa quando ao agente "actuar sem consciência da ilicitude do facto, se o erro lhe não for censurável". Esta desculpação tem como fundamento a deficiência do agente em apreender os valores protegidos pela lei, ou seja, a desconformidade entre o pensamento do agente e a ordem jurídica[314]. Ela refere-se ao crimes cuja punibilidade deve ser «conhecida de todos os cidadãos normalmente sociabilizados»[315].

A não censurabilidade da falta de consciência do ilícito somente se verifica quando «a questão da ilicitude concreta (…) se revele discutível e controvertida» e quando tenha sido intenção do agente «corresponder a um ponto de vista de valor juridicamente relevante»[316].

Segundo Figueiredo Dias[317], a falta de consciência do ilícito referida neste preceito «será não censurável sempre que (mas só quando) o engano

---

[310] *Idem*, p. 212.

[311] *Idem*, p. 208.

[312] Taipa de Carvalho, *op. cit.*, p. 339.

[313] *Idem*, pp. 340-341.

[314] Simas Santos e Leal Henriques, *op. cit.*, p. 123.

[315] Germano Marques da Silva, *op. cit.*, p. 212.

[316] Figueiredo Dias, *op. cit.*, pp. 588-589; Cf. Taipa de Carvalho, *op. cit.*, p. 329 e Maia Gonçalves, *op. cit.*, p. 108.

[317] *Idem*, pp. 585-586.

## 110  As Lesões Contra a Vida e Contra a Integridade Física dos Cidadãos

ou erro da consciência ética, que se exprime no facto, não se fundamente em uma atitude interna desvaliosa face aos valores jurídico-penais, pela qual o agente deva responder». O autor acrescenta que esta atitude desvaliosa verificar-se-á quando «a própria qualidade juridicamente desvaliosa e censurável da personalidade (...)» valha «imediatamente como censurabilidade da falta de consciência do ilícito (...)». Isto significa que o erro será censurável quando a atitude do agente para desconhecer a ilicitude do facto for devida a uma personalidade que só por si já é censurável à luz do ordenamento jurídico-penal.

Nos casos em que o erro seja censurável, tal como preceitua o n.º 2 do art. 17.º, "o agente será punido com a pena aplicável ao crime doloso respectivo, a qual pode ser especialmente atenuada".

### 4.2. Responsabilidade civil

A morte ou a ofensa à integridade física provocadas nos cidadãos, para além da responsabilidade criminal, pode acarretar igualmente para os agentes policiais a responsabilidade de indemnização das perdas e danos emergentes desses crimes, de acordo com o estipulado pela lei civil (art. 129.º do CP). Sempre que isto não poder ser assegurado pelo agente, poderá o Estado garantir o ressarcimento devido ao lesado (art.130.º do CP).

O art. 71.º do CPP consagra a regra do regime de adesão obrigatória do pedido de indemnização civil ao processo criminal, possibilitando que o juiz penal decida também a acção cível[318]. As excepções são as constantes no art. 72.º do CPP, para o qual se remete.

A remissão para a lei civil operada pelo art. 129.º do CP origina que a indemnização dos danos decorrentes da prática de crimes seja feita através da aplicação dos mesmos critérios do dano em direito civil, aplicando-se por isso os art.s 483.º a 572.º do Código Civil (CC)[319].

O art. 483.º, n.º 1, do CC, estabelece que "aquele que, com dolo ou mera culpa, violar ilicitamente o direito de outrem ou qualquer disposição legal destinada a proteger interesses alheios fica obrigado a indemnizar o lesado pelos danos resultantes da violação".

---

[318] MAIA GONÇALVES, *Código de Processo Penal Anotado*, Coimbra: Almedina, p. 215.

[319] Cf. SIMAS SANTOS, *Avaliação do dano corporal em direito penal – perspectivas metodológicas*, Edição policopiada da prelecção apresentada sobre o mesmo tema no âmbito de um seminário no Porto, em 11 de Novembro de 2003.

*I. Introdução*

111

Da análise deste dispositivo resulta que, para que exista a obrigação de indemnizar, têm de se verificar os seguintes pressupostos: o facto voluntário do agente, a ilicitude do facto, a imputação do facto ao agente, o dano e o nexo de causalidade entre o facto e o dano[320].

Para que um facto ilícito gere obrigação de indemnizar é necessário que o autor tenha agido com culpa (responsabilidade subjectiva). Neste sentido, a responsabilidade objectiva (ou pelo risco) tem, por isso, carácter excepcional, pois, como se afirma no n.º 2 do mesmo preceito, "só existe obrigação de indemnizar independentemente de culpa nos casos especificados na lei".

Nos casos em que não tenha havido dolo mas unicamente negligência por parte do agente na produção dos danos, segundo o disposto no art. 494.º do CC, o tribunal pode fixar a indemnização de forma equitativa, em montante inferior aos danos causados, atendendo ao grau de culpabilidade do agente, a sua situação económica e do lesado e demais circunstâncias do caso que assim o justifiquem.

O princípio geral da reparação do dano é o princípio da restauração natural, previsto no art. 562.º do CC[321]. Segundo este preceito, "quem estiver obrigado a reparar o dano deve reconstituir a situação que existiria se não se tivesse verificado o evento que obriga à reparação".

Atendendo à natureza dos danos resultantes de lesão corporal, considera-se actualmente a existência de três tipos: dano corporal em sentido estrito (dano biológico), dano patrimonial e dano moral[322].

O dano biológico consiste na «diminuição ou lesão da integridade psico-física da pessoa, em si e por si considerada (…)»[323].

Por dano patrimonial entende-se, «não todas as consequências da lesão mas somente as perdas económicas, danos emergentes e lucros cessantes» que dela resultaram. A obtenção de indemnização por este tipo de danos implica a comprovação médico-legal de que da lesão resultou um determinado período de incapacidade durante o qual o lesado esteve

---

[320] Pires de Lima; Antunes Varela, *Código Civil Anotado*, Vol. I, 4.ª Ed. revista e actualizada, Coimbra: Coimbra Editora, 1987, p. 472; Maria Clara Lopes, *Responsabilidade civil extracontratual*, Lisboa: Rei dos Livros, s.d., p. 16.

[321] Pires de Lima; Antunes Varela, *op. cit.*, p. 576; Simas Santos; Leal Henriques, *op. cit.*, p. 372; Cf. Pessoa Jorge, *op. cit.*, pp. 404-408.

[322] Álvaro Dias, *op. cit.*, pp. 271-272; Cf. Armando Braga, *A reparação do dano corporal na responsabilidade civil extra-contratual*, Coimbra: Almedina, 2005, pp.43 e 50; Pires de Lima; Antunes Varela, *op. cit.*, p. 475; Pessoa Jorge, *Ensaio sobre os pressupostos da responsabilidade civil*, Reimpressão, Coimbra: Livraria Almedina, p. 373.

[323] *Idem*, p. 272.

total ou parcialmente impossibilitado de trabalhar. Requer igualmente, se for o caso, a prova da subsistência de sequelas permanentes que afectam negativamente a sua capacidade de trabalho. Implica ainda, caso aplicável, a «prova da perda efectiva, total ou parcial, de proventos» durante o período de incapacidade temporária. No caso de invocação de perdas patrimoniais futuras (lucro cessante), com manutenção do posto de trabalho, terá de fazer-se «prova convincente» de tal dano. Quando se alega perda de trabalho, do mesmo modo, tem de provar-se «a impossibilidade de desenvolver trabalho análogo»[324].

No que concerne aos danos patrimoniais decorrentes da morte ou de lesão corporal (art. 495.º do CC), o agente é obrigado a indemnizar todos aqueles que tiveram despesas com o socorro do lesado, bem como os estabelecimentos hospitalares, médicos ou outras pessoas ou entidades que tenham contribuído para o tratamento ou assistência da vítima (n.º 2).

De igual modo, têm direito a ser indemnizados aqueles que pudessem exigir alimentos à vítima ou a quem esta os prestasse em cumprimento de uma obrigação natural (n.º 3). Isto significa que a lesão corporal de alguém pode acarretar a obrigatoriedade de indemnizar todos aqueles – familiares ou não – que usufruíam dos cuidados do ofendido[325].

Nos casos em que ocorre a morte, a indemnização abrange inclusive as despesas com o funeral (n.º 1).

Ainda relativamente aos danos patrimoniais, estabelece o n.º 1 do art. 564.º do CC que "o dever de indemnizar compreende não só o prejuízo causado, como os benefícios que o lesado deixou de obter em consequência da lesão". Enquadram-se nesta previsão os chamados danos emergentes e os lucros cessantes, que configuram, respectivamente, uma diminuição efectiva do património suportada pelo lesado em consequência da lesão sofrida e a frustração de um ganho que o lesado tinha no momento da lesão devido à diminuição da sua capacidade de produção[326]. O n.º 2 do mesmo preceito prevê a possibilidade de, na fixação da indemnização, o tribunal poder atender aos danos futuros[327].

Sempre que ocorra um período de incapacidade temporária ou quando subsista uma incapacidade permanente o problema que se coloca é o da

---

[324] Álvaro Dias, *op. cit.*, pp. 273-274.

[325] *Idem*, p. 291.

[326] Pessoa Jorge, *op. cit.*, pp. 377-378; Villanueva Cañadas; Hernández Cueto, *Valoración médica del daño corporal*, in Gisbert Calabuig, Medicina legal y toxicología, 5.ª Ed., Barcelona: Masson, 1998, p. 457.

[327] Pires de Lima; Antunes Varela, *op. cit.*, p. 579.

determinação do quantum indemnizatório a atribuir ao lesado por aquilo que ele deixou de obter em consequência da diminuição ou privação das suas capacidades[328].

A indemnização por danos patrimoniais, nos casos de incapacidade permanente, engloba também, por exemplo, as despesas de adaptação da habitação do ofendido e a necessidade de auxílio de terceira pessoa[329].

Nos casos de agravamento do dano, o n.º 2 do art. 564.º do CC estabelece que "na fixação da indemnização pode o tribunal atender aos danos futuros, desde que sejam previsíveis; se não forem determináveis, a fixação da indemnização correspondente será remetida para decisão ulterior". De salientar contudo que, neste último caso – em que usualmente se fala na "reabertura do processo" – tal só será possível se tiver sido solicitado por uma das partes, geralmente o lesado[330].

Igualmente susceptível de indemnização é o dano da perda de chance. Este traduz-se na perda de um bem patrimonial que o lesado poderia usufruir atendendo às circunstâncias em que se encontrava no momento da lesão, e que, no âmbito restrito da profissão, corresponde à frustração de oportunidade de trabalho ou de promoção. A atribuição da indemnização é feita atendendo às probabilidades de o lesado ter obtido os benefícios comprometidos[331].

Quanto aos danos não patrimoniais, apenas podem ser indemnizados aqueles que, pela sua gravidade, mereçam a tutela do direito (art. 496.º, n.º 1 do CC). A avaliação deste merecimento cabe ao tribunal, em virtude de não ser feita uma enumeração legal dos danos a incluir[332].

A morte, sendo um verdadeiro e próprio dano corporal, do tipo dano biológico, constitui também um dano moral, para a própria vítima em resultado da dor sofrida, e para o círculo de pessoas individualizadas pelo respectivo ordenamento jurídico em resultado da dor pela perda do ente querido. Segundo o n.º 2 do art. 496.º do CC, o direito à indemnização por morte de alguém "(...) cabe, em conjunto, ao cônjuge não separado judicialmente de pessoas e bens e aos filhos ou outros descendentes; na falta destes, aos pais ou outros ascendentes; e, por último, aos irmãos ou sobrinhos que os representem".

---

[328] ÁLVARO DIAS, *op. cit.*, pp. 249-250.
[329] ARMANDO BRAGA, *op. cit.*, p. 229.
[330] *Idem*, pp. 334-336.
[331] *Idem*, pp. 251-255.
[332] *Idem*, p. 499.

De acordo com o disposto no n.º 3 do art. 496.º do CC, no cálculo da indemnização dos danos não patrimoniais o montante é fixado pelo tribunal, atendendo ao grau de culpa do agente, à sua situação económica e à do lesado, bem como a outras circunstâncias (e.g., a idade e a profissão da vítima).

No que respeita ao modo de prestação da indemnização, geralmente ela é fixada sob a forma de capital (art. 566.º do CC), podendo, contudo, nos casos em que os danos revistam uma natureza continuada e caso haja pedido da vítima, ser fixada, de forma total ou parcial, sob a forma de renda (art. 567.º do CC).

Quando não poder ser averiguado o valor exacto dos danos, segundo o disposto no n.º 3 do art. 566.º do CC, "o tribunal julgará equitativamente dentro dos limites que tiver por provados". De qualquer modo, "quem exigir a indemnização não necessita de indicar a importância exacta em que avalia os danos" e, caso tenha pedido determinada quantia, pode, no decurso da acção, vir a reclamar quantia superior, desde que o processo venha a revelar danos mais avultados face aos inicialmente previstos (art.569.º do CC).

Os danos futuros podem ser ressarcidos através da atribuição de um montante em capital ou da fixação de uma renda temporária ou vitalícia, conforme estabelece o art. 567.º do CC.

No caso de haver um melhoramento do estado da vítima jamais será admissível uma diminuição do montante da indemnização inicialmente concedida, por força do caso julgado. Excepção a esta regra, só acontecerá, por exemplo, quando a reparação do dano corporal tiver sido fixada sob a forma de renda, pois, segundo o disposto no art. 567.º, n.º 2, do CC, "quando sofram alteração sensível as circunstâncias em que assentou, quer o seu montante ou duração, quer a dispensa ou imposição de garantias, a qualquer das partes é permitido exigir a correspondente modificação da sentença ou acordo"[333].

### 4.3. Responsabilidade disciplinar

Quando a prática de um crime de homicídio ou de ofensas à integridade física representar o desrespeito a qualquer dever profissional plasmado no Regulamento Disciplinar da Polícia de Segurança Pública (RDPSP) – aprovado pela Lei n.º 7/90, de 20 de Fevereiro – ou, subsidia-

---

[333] *Idem*, pp. 342-343.

riamente, no Estatuto Disciplinar dos Funcionários e Agentes da Administração Central, Regional e Local (ED) – aprovado pelo DL n.º 24/84, de 16 de Janeiro – o agente a quem tal for imputado incorre em responsabilidade disciplinar.

O direito disciplinar da Polícia de Segurança Pública, sendo direito disciplinar público, visa a boa organização e o regular funcionamento daquela instituição[334].

O RDPSP, no seu art. 4.º, define infracção disciplinar como "o acto, ainda que meramente culposo, praticado por funcionário ou agente da PSP com violação de algum dos deveres, gerais ou especiais, decorrentes da função que exerce" (n.º 1). Deste preceito pode retirar-se que para que haja infracção disciplinar tem de haver culpa do agente, a título de dolo ou negligência, no cometimento de um facto que desrespeita os deveres impostos.

No n.º 2 do mesmo artigo acrescenta-se que a falta disciplinar pode consistir numa acção ou numa omissão.

De entre os deveres gerais referidos, o art. 7.º do RDPSP destaca os seguintes: isenção, zelo, obediência, lealdade, sigilo, correcção, assiduidade, pontualidade, aprumo.

No âmbito dos deveres especiais dos elementos da PSP incluem-se os demais, constantes na Orgânica da PSP (OPSP) e na Lei de Segurança Interna (LSI).

O desrespeito destes deveres dá lugar à instauração do respectivo processo disciplinar contra o agente infractor, para o que têm competência os seus superiores hierárquicos (art. 18.º do RDPSP)).

No caso de se concluir pela existência de culpa do agente nos factos cometidos, de acordo com o n.º 1 do art. 25.º do RDPSP, pode ser-lhe aplicada uma das seguintes penas: repreensão verbal, repreensão escrita, multa até 30 dias, multa de 20 a 120 dias, multa de 121 a 240 dias, aposentação compulsiva e demissão.

Se o infractor pertencer ao quadro de pessoal dirigente ou equiparado, pode ainda ser aplicada a pena de cessação de comissão de serviço, quando o mesmo se encontre em tal situação (n.º 2). Esta pena pode ser aplicada autonomamente ou, de forma acessória e obrigatória, quando o infractor for punido com pena igual ou superior à de multa (n.º 2 do art. 50.º do RDPSP).

---

[334] EDUARDO CORREIA, *Direito Criminal*, Vol. I, Reimp., Coimbra: Almedina, 2004, p. 36; GERMANO MARQUES DA SILVA, *Direito Penal Português: Parte Geral. Introdução e Teoria Geral da Lei Penal*, Lisboa: Editorial Verbo, 1997, p. 130; TAIPA DE CARVALHO, *Direito Penal: Parte Geral. Questões Fundamentais*, Porto: Publicações Universidade Católica, 2003, p. 181.

Quando a pena aplicada for de suspensão de 20 a 120 dias ou superior, a qualquer infractor pode ainda ser determinada acessoriamente a transferência de serviço, pelo prazo mínimo de um ano (art. 28.º, n.ᵒˢ 1 e 2).

O RDPSP estabelece no art. 43.º os critérios orientadores para aplicação das penas, a saber: natureza e gravidade da infracção; categoria do funcionário ou agente; grau de culpa, personalidade, nível cultural e tempo de serviço do funcionário ou agente; circunstâncias atenuantes ou agravantes da conduta.

As penas de repreensão verbal e de repreensão escrita são aplicáveis nos casos de infracções que não acarretem prejuízo para o serviço ou para o público (art. 44.º).

A pena de multa é atribuída quando se verificar por parte do infractor negligência ou má compreensão dos seus deveres funcionais e tal implique prejuízo manifesto para o serviço, para a disciplina ou para o público (art. 45.º).

A suspensão é aplicável quando há negligência grave, acentuado desinteresse pelo cumprimento dos deveres profissionais ou quando se verifiquem factos que afectem gravemente a dignidade e o prestígio do agente ou da função policial (art. 46.º)

A aposentação compulsiva e a demissão são aplicáveis, em geral, nos casos de infracções disciplinares que inviabilizam a manutenção da relação funcional do funcionário ou agente (art. 47.º, n.º 1), nomeadamente, quando houver excesso na utilização de meios coercivos (n.º 2, alín. a)) ou agressão a terceiro no local de serviço ou em público (idem, alín. c)). A aposentação compulsiva é especialmente aplicável nos casos em que se conclua pela incompetência profissional ou falta de idoneidade moral do infractor para o exercício das suas funções (art. 48.º, n.º 1) desde que tenha pelo menos 5 anos de serviço (idem, n.º 2). Caso não esteja preenchido este requisito a pena a aplicar será a demissão. Esta será decretada igualmente, em especial, por exemplo, quando o funcionário ou agente tiver praticado qualquer crime doloso punível com pena de prisão superior a três anos, com flagrante e grave abuso da função que exerce ou com manifesta e grave violação dos deveres a que funcionalmente está obrigado (art. 49.º, n.º 1, alín. a)).

Ao nível estritamente criminal, de acordo com o n.º 1 do art. 66.º do CP, a prática de crime punível com pena de prisão superior a 3 anos no exercício de função pública acarreta a proibição do exercício desta quando o facto: a) for praticado com flagrante e grave abuso da função ou com manifesta e grave violação dos deveres que lhe são inerentes; b) revelar indignidade no exercício do cargo ou; c) implicar a perda de

## I. Introdução

confiança necessária ao exercício da função. Isto, salvo se tiver havido aplicação, pelo mesmo facto, de medida de segurança de interdição de actividade, nos termos do art. 100.º do CP (cf. n.º 4, art. 66.º do CP).

De igual modo, nos casos em que o arguido for condenado a pena de prisão e não for demitido por decisão disciplinar, pode ser-lhe decretada a suspensão de funções enquanto durar o cumprimento da pena (n.º 1 do art. 67.º do CP), a qual se traduz no afastamento completo do funcionário ou agente do serviço durante o período de duração desse mesmo cumprimento. A suspensão do exercício de funções pode igualmente ser decretada como medida de coacção durante a decorrência de um processo criminal "sempre que a interdição do exercício respectivo possa vir a ser decretada como efeito do crime imputado" (art. 199.º, n.º 1, alín. a) do CPP).

Relativamente à relação entre o procedimento disciplinar e o procedimento criminal pela prática de determinado facto, o n.º 1 do art. 37.º do RDPSP expressa a sua autonomia[335]. No mesmo sentido, o n.º 2 deste preceito estabelece que "a absolvição ou condenação em processo-crime não impõe decisão em sentido idêntico no processo disciplinar". Em consonância com este dispositivo, é doutrinalmente aceite que «a decisão num dos processos não compromete nem condiciona a decisão no outro», podendo igualmente afirmar-se que a aplicação, pelo mesmo facto, de duas sanções – uma de natureza penal e outra disciplinar – não viola o princípio do *ne bis in idem* estabelecido no art. 29.º, n.º 5 da CRP[336]. Também a jurisprudência do Supremo Tribunal Administrativo aponta neste sentido. No Ac. do Pleno da Secção, de 19FEV97, rec. n.º 30356, decidiu-se que «O procedimento disciplinar é pois independente e autónomo do procedimento criminal. Os valores, os princípios e os desideratos são diferentes como diferentes são a substância dos poderes em que se inserem, respectivamente meros ordenadores sociais ou de travejamento mestre de valores»[337].

---

[335] Eduardo Correia, *op. cit.*, p. 36; Germano Marques da Silva, *op. cit.*, p. 132; Taipa de Carvalho, *op. cit.*, p. 186.

[336] Germano Marques da Silva, *op. cit.*, pp. 132-133; Figueiredo Dias, *Direito Penal: Parte Geral. Questões fundamentais. A doutrina do crime*, Coimbra: Coimbra Editora, 2004, p. 161.

[337] Cf. Alberto de Oliveira, *Processo disciplinar/processo-crime; suspensão do procedimento disciplinar; fraccionamento do objecto do procedimento disciplinar in Inspecção-Geral da Administração Interna, Controlo Externo da Actividade Policial*, Lisboa: IGAI, 1998, p. 218.

# II. OBJECTIVOS

A prossecução dos objectivos da actividade policial torna por vezes inevitável, ou mesmo obrigatório, o uso de meios coercivos pelos agentes da autoridade, com a finalidade última de evitar violações dos direitos fundamentais dos cidadãos[338].

O recurso à força não está contudo isento de riscos para a vida e para a integridade física dos cidadãos visados, nomeadamente através da ocorrência de lesões e danos de gravidade variável.

A verificação destas consequências leva a que, por iniciativa dos cidadãos lesados ou por intermédio das instâncias formais de controlo da actividade policial – nomeadamente o Ministério Público (MP) e a Inspecção Geral da Administração Interna (IGAI) – sejam desenvolvidas diligências no sentido de averiguar a legalidade da actuação dos agentes policiais. Esta averiguação é feita através da instauração de inquéritos criminais, civis e disciplinares a esses mesmos agentes.

Num estudo subordinado ao tema "Queixas participadas pelo comportamento das forças de segurança", referentes ao ano de 1999, a IGAI[339] concluiu que 50% eram referentes a ofensas à integridade física e 0.9% a homicídio. A mesma entidade, entre 2000 e 2002, investigou a ocorrência de 19 casos de ofensas à integridade física e de 8 casos de homicídio em consequência da utilização de armas de fogo pelas forças de segurança portuguesas, tendo contabilizado, no ano de 2003, a ocorrência de 2 casos de ofensas à integridade física e de 6 de homicídio causados pelo mesmo mecanismo[340].

A expressividade destes números, quando publicitados, tem sempre grande impacto social e constitui motivo de debate acerca do uso de

---

[338] GERMANO MARQUES DA SILVA (2001), *Ética policial e sociedade democrática*, ISCPSI: Lisboa, pp. 63-64.

[339] MARIA JOÃO MILITÃO, *Queixas participadas pelo comportamento das forças de segurança in Controlo Externo da Actividade Policial*, Vol.II, IGAI: Lisboa, 2003, pp. 251-302.

[340] MARIA JOSÉ R. LEITÃO NOGUEIRA, *O uso de armas de fogo pelos agentes policiais: alguns aspectos*, in Uso de armas de fogo pelos agentes policiais, IGAI: Lisboa, 2000, p. 101.

meios coercivos pelas forças policiais. No entanto, os estudos até agora realizados têm geralmente um carácter genérico, quer quanto aos factos e às consequências, quer quanto à força policial envolvida. A especificação deste tipo de abordagem quanto às consequências para a vida e para a integridade física dos cidadãos sobre quem são empregues os meios coercivos e a sua limitação à Polícia de Segurança Pública constituiu uma motivação especial para quem, como o autor, no seio desta instituição, tem a incumbência de ministrar formação sobre a utilização da força. Estes foram os motivos que impulsionaram a concretização do presente estudo.

O objectivo geral deste estudo consiste em determinar se as lesões corporais provocadas pelos agentes da Polícia de Segurança Pública nos cidadãos são ou não proporcionais face ao grau de ameaça que as acções destes representam para aqueles agentes ou para terceiros.

Pretende-se ainda contribuir para a caracterização:

*a)* demográfica dos cidadãos que, sendo intervenientes em ocorrências policiais, foram vítimas de homicídio ou de ofensas à integridade física, provocados por agentes da Polícia de Segurança Pública;

*b)* demográfica dos agentes da Polícia de Segurança Pública julgados pelos crimes de homicídio e de ofensas à integridade física, cometidos no exercício das suas funções;

*c)* das circunstâncias concretas das intervenções policiais em que ocorreram as lesões corporais nos cidadãos, com especial atenção para o mecanismo de produção das lesões, bem como para o grau de ameaça enfrentado pelo agente e respectivo nível de força por ele aplicado;

*d)* das consequências temporárias e permanentes, em termos de dano corporal;

*e)* do nível de responsabilização – penal, cível e disciplinar – para os agentes da Polícia de Segurança Pública julgados por homicídio ou por ofensa à integridade física de cidadãos.

# III. MATERIAL E MÉTODOS

Os crimes de homicídio e de ofensas à integridade física são crimes materiais cujo resultado decorre da provocação de lesões físicas que originam, respectivamente, a morte e a afectação da integridade corporal da pessoa.

Daqui resulta que estes dois tipos de ilícito criminal são aqueles que melhor se coadunam com um estudo cujo objecto são as lesões físicas provocadas nos cidadãos pelos agentes da Polícia de Segurança Pública quando, no exercício das suas funções, empregam meios coercivos.

## 1. MATERIAL

Para a realização deste estudo foram analisados 96 processos-crime – 18 por homicídio e 78 por ofensas à integridade física – no período compreendido entre Março de 2005 e Outubro de 2005.

Os 96 processos-crime (que deram origem a 113 casos – 19 de homicídio e 94 de ofensas à integridade física) constituem uma amostra de um total de 191 processos (19 por homicídio e 172 por ofensas à integridade física) instaurados contra agentes da Polícia de Segurança Pública entre 1991 e 2004, e constantes de uma listagem fornecida pela Procuradoria-Geral da República (PGR).

Os processos foram consultados na Secretaria Judicial, na Secção Central, no Arquivo, nos Juízos ou nas Varas dos Tribunais Judiciais das comarcas seguintes: Alcobaça (1), Almada (1), Amarante (2), Barreiro (3), Caldas da Rainha (1), Cascais (6), Coimbra (1), Covilhã (1), Évora (2), Fafe (2), Faro (4), Figueira da Foz (4), Guimarães (1), Lagos (3), Leiria (1), Lisboa (17), Lousã (1), Mafra (1), Mangualde (1), Matosinhos (1), Montijo (1), Nazaré (1), Oeiras (2), Peniche (1), Portimão (2), Porto (14), Póvoa de Varzim (1), Santa Comba Dão (1), Santa Maria da Feira (1), Santarém (1), Santiago do Cacém (1), Seixal (2), Setúbal (4), Sintra (4), Torres Novas (1), Viana do Castelo (2), Vila do Conde (2), Vila Nova de Famalicão (1).

126 *As Lesões Contra a Vida e Contra a Integridade Física dos Cidadãos*

Os critérios de inclusão foram:

*a)* Os processos-crime terem como arguidos agentes da Polícia de Segurança Pública;

*b)* Os processos-crime terem sido instaurados aos agentes da Polícia de Segurança Pública por factos praticados no exercício das suas funções;

*c)* Os processos-crime respeitarem a factos que consubstanciaram a prática dos crimes de homicídio ou de ofensas à integridade física;

*d)* Os processos-crime terem atingido a fase processual de audiência de julgamento, quer após despacho de acusação pelo Ministério Público quer após despacho de pronúncia pelo Juiz de Instrução (nos casos em houve fase de Instrução).

Foram excluídos do estudo os processos-crime localizados fora do território de Portugal Continental devido à impossibilidade do autor em realizar a sua consulta nas comarcas dos arquipélagos da Madeira e dos Açores.

## 2. MÉTODOS

Tal como acontece para outros crimes em que são arguidos elementos das forças de segurança, também para os crimes de homicídio e de ofensas à integridade física a PGR possui um registo no qual constam, entre outros dados, o n.º do processo-crime, a comarca onde o processo correu termos, o resultado do inquérito e a decisão do julgamento[341].

### 2.1. Metodologia da colheita de dados

Tendo por base o conhecimento da existência daquele registo, e visando a realização de um estudo prospectivo que permitisse alcançar os objectivos definidos, foi solicitado ao Procurador-Geral da República o fornecimento de informação relativa à localização dos processos por homicídio e por ofensas à integridade física já transitados em julgado, instaurados contra agentes da Polícia de Segurança Pública.

---

[341] Este registo é concretizado com base no Despacho do Procurador-Geral da República, de 15 de Janeiro de 1993, relativo aos processos-crime contra agentes de autoridade.

*III. Material e Métodos*

Em resposta ao requerido, foi fornecida uma listagem de processos por crimes de homicídio e de ofensas à integridade física, instaurados entre 1991 e 2004, na qual foram igualmente indicados os tribunais onde havia decorrido o Inquérito de cada processo. A partir destes dados, foi solicitada ao respectivo Juiz-Presidente de cada tribunal a consulta presencial dos processos. Nos casos em que a informação fornecida pela PGR indicava que o Inquérito havia corrido termos nos Departamentos de Investigação e Acção Penal (DIAP) do Porto, de Coimbra, e de Lisboa, foi solicitado ao magistrado Coordenador a indicação do tribunal em que se encontravam actualmente e só depois solicitada directamente aos presidentes destes a sua consulta. Em qualquer destas circunstâncias, a solicitação foi formalizada através de um requerimento escrito, enviado por via postal normal.

A diferença entre o número de processos-crime (n=96) e o número de casos estudados (n=113) resulta do seguinte:

*a)* Quando num processo apenas havia um ofendido e um ofensor, considerou-se só um caso;

*b)* Quando num processo havia mais do que um ofendido ou mais do que um agente policial arguido, consideraram-se tantos casos quantos os binómios "polícia-ofendido".

O seguimento desta metodologia decorre do facto de, em alguns processos-crime, um único agente policial causar lesões em mais do que um cidadão ou então serem dois ou mais agentes a provocar as lesões, mesmo que num único cidadão.

Durante a consulta dos processos-crime, os dados foram anotados na "Ficha para recolha de dados sobre homicídios/ofensas à integridade física dos cidadãos em acções policiais" (Anexo I). Esta ficha foi adaptada da "Ficha para recolha de dados sobre crimes sexuais", utilizada por Diogo Pinto da Costa[342] no seu estudo subordinado ao tema "A perícia médico-legal nos crimes sexuais".

A ficha de recolha de dados utilizada é constituída por oito partes: Dados gerais; Caracterização do ofendido; Caracterização do agente policial; Caracterização dos factos; Resultado da perícia médico-legal;

---

[342] DIOGO PAULO MACHADO PINTO DA COSTA, *A perícia médico-legal nos crimes sexuais*, Dissertação para obtenção do grau de Mestre no âmbito do 1.º Curso de Mestrado em Criminologia da Faculdade de Direito da Universidade do Porto, Porto: FDUP, 2000.

128  *As Lesões Contra a Vida e Contra a Integridade Física dos Cidadãos*

Resultado da decisão judicial; Resultado da decisão disciplinar; Observações gerais.

Os elementos recolhidos em cada uma destas partes foram os seguintes:

a) "Dados gerais": elementos identificadores do processo que, não tendo uma utilidade em termos de resultados, são importantes para a sua localização, em especial o Número de Inquérito ou o Número Único de Identificação do Processo-Crime (NUIPC);

b) "Caracterização do ofendido": informação relativa ao sexo, à data de nascimento e/ou idade, ao estado civil, ao nível de escolaridade, à situação de actividade[343] e aos antecedentes criminais do ofendido;

c) "Caracterização do agente policial": o sexo, a data de nascimento e/ou idade, o estado civil, o nível de escolaridade, a categoria profissional, os antecedentes criminais e disciplinares do agente policial;

d) "Caracterização dos factos": a data, a hora, o distrito e o local da agressão; o número de intervenientes policiais e não policiais, a acção concreta do cidadão e do agente policial na produção das lesões, o momento concreto da produção das lesões, a posição e a distância do cidadão ofendido em relação ao agente policial aquando da lesão, a existência ou não de agressão contra o agente policial, o grau de ameaça que a acção do cidadão representou para o agente policial ou para terceiros e o nível de força aplicado pelo agente policial para fazer face à ameaça representada pela acção do cidadão[344];

e) "Resultado da perícia médico-legal": as conclusões do relatório de autópsia ou do exame médico-legal, relativamente às zonas corporais atingidas, à gravidade das lesões[345] e das sequelas, às

---

[343] Os grupos profissionais forma descritos de acordo com a "Classificação Nacional de Profissões" (1980), do Ministério do Trabalho, Secretaria de Estado do Emprego (*Vide* Teresa Magalhães, *Estudo Tridimensional do Dano Corporal: Lesão, Função e Situação (Sua Aplicação Médico-Legal)*, Coimbra: Livraria Almedina, 1998, pp. 117 e 119).

[344] A definição dos graus de ameaça e dos níveis de força foi feita a partir da Norma de Execução Permanente (NEP) n.º OPSEG/DEPOP/01/05, da DNPSP, de 01 de Junho de 2004, relativa às "Normas Sobre os Limites ao Uso de Meios Coercivos" na PSP.

[345] A escala de gravidade das lesões utilizada para a recolha de dados foi adaptada da proposta por Teresa Magalhães (Teresa Magalhães, *Clínica Médico-Legal*, [online], [Porto]: Delegação do Porto do Instituto Nacional de Medicina-Legal, 2005, [citado em

incapacidades sofridas pelo ofendido, às necessidades de tratamento e de internamento hospitalar;

*f)* "Resultado da decisão judicial": a sentença para o agente policial
e, no caso de condenação, o crime imputado (homicídio ou ofensa
à integridade física) e a pena atribuía (prisão, pena suspensa e
multa); no caso de absolvição, a razão para tal, bem como a existência, ou não, de pedido de indemnização cível e, no caso de
obrigatoriedade de indemnizar, o responsável, o tipo de indemnização e o montante.

*g)* "Resultado da decisão disciplinar": a entidade instrutora (nos
casos em que houve instauração de procedimento), a decisão, e,
se houve condenação, a pena atribuída;

*h)* "Observações gerais": as anotações consideradas de interesse
para cada caso.

Tendo sido intenção do investigador analisar o universo de todos os
processos-crime por homicídio e por ofensas à integridade física constantes na listagem fornecida pela PGR – com excepção dos situados nas
comarcas das Regiões Autónomas da Madeira e dos Açores – tal tornou-
-se inviável. Esta inviabilidade decorreu dos seguintes factores:

*a)* Não recepção de resposta ou resposta demasiado tardia por parte
dos tribunais;

*b)* Impossibilidade de localização dos processos nos tribunais indicados na listagem fornecida pela PGR;

*c)* Erro na identificação dos processos.

A não recepção de qualquer resposta ao fim de seis meses após a
solicitação de consulta, tornou necessária a realização de algumas insis-
tências. Mesmo nestes casos, alguns tribunais nunca deram qualquer
resposta, mostrando-se obrigatório o estabelecimento de contacto pessoal

---

10 de Setembro de 2005], disponível na Internet em http:/www.inml.mj.pt/uef/
CLIN_MED_LEGAL184.pdf. Esta adaptação decorreu da conveniência em utilizar uma
única ficha para recolha de dados, o que implicou que se apresentasse um novo grau –
Grau 5 – de forma a englobar os casos em que as lesões conduziram à morte do ofendido.
Neste sentido, os graus de gravidade apresentados traduzem o seguinte: Grau 0 – ausência
de lesões; Grau 1 – lesões mínimas (ex: escoriações; soluções de continuidade superficiais); Grau 2 – lesões de importância média (ex: laceração; fractura sem necessidade de
tratamento cirúrgico); Grau 3 – lesões importantes (que implicam tratamento cirúrgico);
Grau 4 – lesões muito importantes (potencialmente letais); Grau 5 – lesões mortais.

com o Secretário-Judicial, com o Escrivão ou com outro funcionário responsável pelos Juízos, Varas ou Secretarias. Em caso algum foi contactado directamente qualquer Magistrado. Relativamente a alguns processos, a resposta do tribunal só ocorreu após 30 de Setembro de 2005, pelo que, mesmo quando a consulta foi autorizada, esta não foi executada[346].

A impossibilidade de localização dos processos nos tribunais indicados na listagem fornecida pela PGR deveu-se essencialmente a dois factores:

*a)* Dificuldade em associar o número de registo fornecido com outros registos atribuídos aos processos pelos tribunais. Nestes casos, aconteceu que a localização só era possível através da identificação do(s) arguido(s), informação esta que não foi indicada pela PGR e que, propositadamente, por questões de ética, atendendo à actividade profissional do investigador, se entendeu não ser correcto solicitar-lhe. Nos processos em que o número de origem coincidia com o número único de identificação de processo-crime esta dificuldade não se verificou.

*b)* No caso particular dos Juízos Criminais de Lisboa, a localização dos processos foi especialmente difícil, segundo esclarecimento da Secretaria-Geral, em consequência da decorrência de obras no edifício do tribunal. Havia a possibilidade de ser realizada nova tentativa de localização após Setembro de 2005. Esta hipótese revelou-se contudo inviável[347], pelo que, embora segundo a listagem fornecida pela PGR existissem 30 processos-crime com interesse para o estudo, somente foi possível consultar 8.

No que concerne a erros na identificação dos processos, tal implicou que em 7 dos 191 processos indicados pela PGR, os factos constantes da acusação ou do despacho de pronúncia fossem diferentes de homicídio ou de ofensa à integridade física. Nestes casos, os agentes foram julgados pelos crimes de abuso de autoridade (3 processos), coacção (2 processos), corrupção (1 processo) e injúrias a cidadão (1 processo).

---

[346] A não realização da consulta deveu-se à indisponibilidade do investigador.
[347] Esta inviabilidade deveu-se, uma vez mais, a indisponibilidade do investigador.

## 2.2. Análise estatística

Na análise dos dados foram utilizadas técnicas de estatística descritiva e de estatística inferencial[348].

Ao nível da estatística descritiva foram utilizadas as seguintes medidas: a média, a moda, o desvio-padrão, o valor mínimo e o valor máximo[349].

Em todas as variáveis em que foram estabelecidas categorias, os resultados foram apresentados em quadros ou gráficos com as frequências absolutas (n) e as frequências relativas (%) observadas.

Para uma maior coerência na apresentação dos resultados, houve necessidade de estabelecer classes para algumas variáveis contínuas, a saber:

*a)* idade do ofendido (<16 anos, 16-25anos, 26-35 anos, 36-45 anos, 46-55 anos, ≥56 anos);

*b)* idade do agente policial (24-25 anos, 26-35 anos, 36-45 anos, 46-55 anos, ≥56 anos);

*c)* distância entre o agente policial e o ofendido (0-1 metros, 2-3 metros, 4-5 metros, 6-10 metros, 11-35 metros);

*d)* condenação em pena de multa, em euros (0-250 €, 251-500 €, 501-750 €, 751-1000 €, 1001-1250 €).

Com o objectivo de evitar o enviesamento de resultados, não foram considerados os valores referentes a variáveis em que a percentagem de não respostas foi superior a 20% dos casos[350]. Isto aconteceu para os grupos de variáveis seguintes:

*a)* Caracterização do ofendido: nível de escolaridade à data dos factos e antecedentes criminais;

*b)* Caracterização do agente policial: nível de escolaridade à data dos factos e antecedentes disciplinares;

*c)* Caracterização dos factos: danos patrimoniais ocorridos;

---

[348] José Luís Pais Ribeiro (1999), *Investigação e avaliação em psicologia e saúde*, Climepsi Editores: Lisboa, p. 61.

[349] José Luís Pais Ribeiro, *op. cit.*, pp. 61-63; Maria Helena Pestana, João Nunes Gageiro (2003), *Análise de dados para Ciências Sociais: a complementaridade do SPSS*, 3.ª Ed. revista e aumentada, Edições Sílabo: Lisboa, pp. 62-63.

[350] Maria Helena Pestana, João Nunes Gageiro, *op. cit.*, p. 53.

## As Lesões Contra a Vida e Contra a Integridade Física dos Cidadãos

*d)* Resultado da perícia médico-legal: coeficiente de dano, tempo de incapacidade temporária e incapacidade permanente;

*e)* Resultado da decisão disciplinar: instauração de processo disciplinar, entidade instrutora do processo, decisão e pena atribuída.

Nos casos em que se considerou ser pertinente para o enriquecimento deste estudo, analisou-se a relação entre variáveis. Esta análise baseou-se no teste não paramétrico do Qui-Quadrado de Pearson ($\chi^2$) ou, em alternativa, no Teste Exacto de Fisher. Foi estabelecido um nível de significância de 5%[351].

Quando, nas tabelas de contingência, se verificou uma percentagem de células superior a 20% em que o número de valores esperados foi inferiores a 5, procedeu-se ao reagrupamento das variáveis em análise[352].

O tratamento estatístico dos dados foi feito utilizando o software SPSS (Statistical Package for Social Sciences – versão 13.0 for Windows).

### 2.3. Análise da proporcionalidade entre o grau de ameaça e o nível de força

A Norma de Execução Permanente (NEP) n.º DEPOP/OPSEG/01/05, emitida pela Direcção Nacional da PSP em 01 de Junho de 2004, que regulamenta as normas sobre os Limites ao Uso de Meios Coercivos (LUMC), estabelece os graus de ameaça que os agentes da PSP podem enfrentar nas ocorrências policiais e os respectivos níveis de força que poderão aplicar.

Os graus de ameaça, definidos na NEP como o grau de perigo dirigido pelos suspeitos aos agentes policiais ou a terceiros, são os seguintes:

*a)* Grau de ameaça nulo: o cidadão colabora com o agente policial, não representando qualquer tipo de ameaça;

*b)* Grau de ameaça baixo: o cidadão não colabora com o agente policial, recusando ser conduzido ou dominado, podendo reagir verbal e fisicamente mas sem intenção de agredir o agente ou terceiros;

---

[351] Maria Helena Pestana, João Nunes Gageiro, *op. cit.*, pp. 133-134; António Ramalheira; Salvador Cardoso, *A caracterização do risco: risco relativo e odds ratio como medidas do grau de associação entre factores e doença*, Coimbra: Almedina, 1995, pp. 139-140.

[352] António Ramalheira; Salvador Cardoso, *op. cit.*, p. 140.

*III. Material e Métodos*  133

*c)* Grau de ameaça médio: o cidadão resiste activamente, utilizando ou não objectos ou armas (não de fogo), tentando ou concretizando actos de agressão insusceptíveis de causar ofensas à integridade física grave ou perigo de morte para o agente ou terceiros;

*d)* Grau de ameaça elevado: o cidadão tenta concretizar ou concretiza acções que representam risco de ofensa à integridade física grave ou perigo de morte para o agente policial ou para terceiros, podendo utilizar armas (de fogo ou não) que representam aquele perigo.

Os níveis de força, definidos na NEP LUMC como o nível de reacção adoptado pelo agente policial para cessar o grau de ameaça representado pelo suspeito, são os seguintes:

*a)* Nível de força muito baixo: o agente policial emana ordens e, eventualmente, conduz o cidadão pelo braço;

*b)* Nível de força baixo: o agente policial aplica técnicas de defesa policial que implicam a restrição de movimentos nas articulações e/ou pressão em zonas corporais sensíveis, podendo proceder à algemagem do cidadão;

*c)* Nível de força médio: o agente policial desfere impactos no cidadão em zonas corporais que não alojam órgãos vitais, utilizando para o efeito os seus membros ou o bastão policial;

*d)* Nível de força elevado: o agente policial, utilizando ou não armas ou objectos, visando as articulações e/ou zonas corporais que alojam órgãos vitais, desfere impactos fortes, aplica gases neutralizantes, armas eléctricas imobilizantes ou atordoantes e dispara cartuchos com munições menos letais, ou dispara cartuchos com munições letais para qualquer zona corporal.

A NEP LUMC estabelece uma relação directa entre os graus de ameaça e os níveis de força descritos.

É com base neste pressuposto que será feita a análise da proporcionalidade entre estas duas variáveis. Para tal, será feito o cruzamento estatístico entre ambas.

Por forma a aprofundar tal análise, far-se-á a comparação dos resultados nela obtidos com a percentagem de condenações/absolvições dos 113 casos estudados e da percentagem de condenações/absolvições para os crimes de homicídio e de ofensas à integridade física em particular.

# IV. RESULTADOS

# 1. ANÁLISE DESCRITIVA DOS DADOS

## 1.1. Caracterização demográfica da população estudada

### 1.1.1. *Ofendidos*

A maioria dos indivíduos ofendidos era do sexo masculino (92%), com uma média de idade de 30.92 anos (SD=10.879) (Quadro 6) e solteiros (56.6%) (Quadro 7). A maioria desempenhava uma actividade profissional (69%), com destaque para os trabalhadores da indústria de

QUADRO 6 – Distribuição dos ofendidos segundo a idade (n=113)

|  | n | % |
|---|---|---|
| < 16 anos | 4 | 3.6 |
| 16 – 25 anos | 38 | 33.9 |
| 26 – 35 anos | 39 | 34.8 |
| 36 – 45 anos | 18 | 16.1 |
| 46 – 55 anos | 11 | 9.8 |
| ≥ 56 anos | 2 | 1.8 |
| Desconhecida | 1 | 0.9 |
| TOTAL | 113 | 100 |

QUADRO 7 – Distribuição dos ofendidos segundo o estado civil (n=113)

|  | n | % |
|---|---|---|
| Solteiro(a) | 64 | 56.6 |
| Casado(a) | 35 | 31.0 |
| Separado(a) | 1 | 0.9 |
| Unido(a) de facto | 2 | 1.8 |
| Desconhecido | 4 | 3.5 |
| Divorciado(a) | 7 | 6.2 |
| TOTAL | 113 | 100 |

138    *As Lesões Contra a Vida e Contra a Integridade Física dos Cidadãos*

extracção e transformadora e condutores de máquinas (28.3%) e para os comerciantes e vendedores (17.7%) (Quadros 8 e 9). Na maioria dos casos não foi possível apurar o nível de escolaridade (86.7%) nem a existência de antecedentes criminais (63.7%).

QUADRO 8 – Distribuição dos ofendidos segundo a situação de actividade (n=113)

|  | n | % |
|---|---|---|
| Em actividade | 78 | 69.0 |
| Estudante | 16 | 14.2 |
| Desempregado(a) | 5 | 4.4 |
| Reformado(a) | 6 | 5.3 |
| Desconhecida | 8 | 7.1 |
| TOTAL | 113 | 100 |

QUADRO 9 – Distribuição dos ofendidos segundo o grupo profissional (n=78)

|  | n | % |
|---|---|---|
| I. Pessoal de profissões científicas, técnicas, artísticas e similares | 2 | 1.8 |
| II. Directores e quadros superiores administrativos | 0 | 0.0 |
| III. Pessoal administrativo e similares | 8 | 7.1 |
| IV. Trabalhadores das indústrias extractiva e transformadora e condutores de máquinas fixas e de transporte | 32 | 28.3 |
| V. Pessoal dos serviços de protecção e segurança, serviços pessoais e domésticos e similares | 12 | 10.6 |
| VI. Agricultores, criadores de animais, trabalhadores agrícolas e florestais, pescadores e caçadores | 4 | 3.5 |
| VII. Pessoal do comércio e vendedores | 20 | 17.7 |
| TOTAL | 78 | 69 |

(Fonte: Ministério do Trabalho, Secretaria de Estado do Emprego – 1980)

### 1.1.2. *Agentes policiais*

A quase totalidade dos agentes policiais era do sexo masculino (98.2%), com uma média de idade de 35.37 anos (SD=6.914) (Quadro 10) e maioritariamente casados (79.6%) (Quadro 11). A maioria pertencia à carreira profissional de Agente da PSP (82.3%) (Quadro 12) e não tinha antecedentes criminais (87.6%). Não foi possível apurar o nível de escolaridade em 57.5% dos casos e os antecedentes disciplinares em 91.2%.

*IV. Resultados* 139

QUADRO 10 – Distribuição dos agentes policiais segundo a idade (n=113)

|  | n | % |
|---|---|---|
| 24 – 25 anos | 6 | 5.3 |
| 26 – 35 anos | 59 | 52.2 |
| 36 – 45 anos | 38 | 33.6 |
| 46 – 55 anos | 9 | 8.0 |
| ≥ 56 anos | 1 | 0.9 |
| TOTAL | 113 | 100 |

QUADRO 11 – Distribuição dos agentes policiais segundo o estado civil (n=113)

|  | n | % |
|---|---|---|
| Casado(a) | 90 | 79.6 |
| Solteiro(a) | 13 | 11.5 |
| Divorciado(a) | 8 | 7.1 |
| Unido(a) de facto | 2 | 1.8 |
| TOTAL | 113 | 100 |

QUADRO 12 – Distribuição dos agentes policiais segundo a carreira profissional (n=113)

|  | n | % |
|---|---|---|
| Agente | 93 | 82.3 |
| Chefe | 18 | 15.9 |
| Oficial | 2 | 1.8 |
| TOTAL | 113 | 100 |

## 1.2. Caracterização dos factos

Do total dos 113 casos estudados, 22.12% ocorreram no ano de 1993, sendo 2000 o ano com menor percentagem de casos estudados, apenas 3.54% do total (Gráfico 1).

No que concerne à hora dos factos, estes ocorreram principalmente nos períodos 19h01 – 01h00 (40.7%) e 01h01 – 07h00 (32.7%) (Quadro 13).

GRÁFICO 1 – Ano dos factos (n=113)

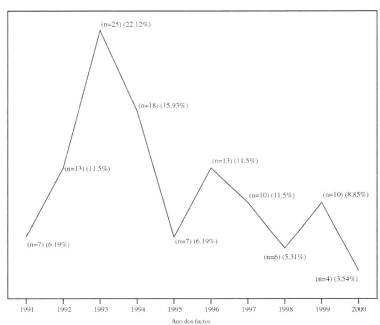

Relativamente ao distrito em que se verificaram os casos, destaca-se Lisboa (28.3%), Porto (23%), Setúbal (11.5%) e Faro (8.8%) (Quadro 14).

QUADRO 13 – Hora dos factos (n=113)

|               | n   | %    |
|---------------|-----|------|
| 19h01 – 01h00 | 46  | 40.7 |
| 01h01 – 07h00 | 37  | 32.7 |
| 13h01 – 19h00 | 23  | 20.4 |
| 07h01 – 13h00 | 5   | 4.4  |
| Desconhecida  | 2   | 1.8  |
| TOTAL         | 113 | 100  |

*IV. Resultados* 141

QUADRO 14 – Distrito dos factos (n=113)

|  | n | % |
|---|---|---|
| Lisboa | 32 | 28.3 |
| Porto | 26 | 23.0 |
| Setúbal | 13 | 11.5 |
| Faro | 10 | 8.8 |
| Coimbra | 8 | 7.1 |
| Leiria | 6 | 5.3 |
| Santarém | 5 | 4.4 |
| Braga | 4 | 3.5 |
| Viseu | 3 | 2.7 |
| Évora | 2 | 1.8 |
| Viana do Castelo | 2 | 1.8 |
| Aveiro | 1 | 0.9 |
| Castelo Branco | 1 | 0.9 |
| TOTAL | 113 | 100 |

Quanto ao espaço físico em que os factos ocorreram, verificou-se que foi maioritariamente na via pública (64.6%), seguido do interior de esquadra policial (19.5%) (Quadro 15).

QUADRO 15 – Local físico dos factos (n=113)

|  | n | % |
|---|---|---|
| Via pública | 73 | 64.6 |
| Esquadra policial | 22 | 19.5 |
| Viatura do ofendido | 6 | 5.3 |
| Estabelecimento restauração e bebidas | 3 | 2.7 |
| Hospital | 2 | 1.8 |
| Residência/domicílio do ofendido | 2 | 1.8 |
| Edifício da Administração Pública | 1 | 0.9 |
| Espaço de acesso reservado | 1 | 0.9 |
| Quarto de detenção | 1 | 0.9 |
| Transporte público | 1 | 0.9 |
| Viatura policial | 1 | 0.9 |
| TOTAL | 113 | 100 |

No que respeita ao número de agentes policiais intervenientes nas ocorrências, salienta-se a percentagem dos casos em que apenas um agente estava presente (34.5%) e em que dois (32.7%) ou três (26.5%)

142　*As Lesões Contra a Vida e Contra a Integridade Física dos Cidadãos*

estavam presentes (Quadro 16). Quanto ao número de agentes suspeitos de provocar as lesões nos cidadãos, na grande maioria dos casos (82.3%) foi de apenas um agente (Quadro 17).

QUADRO 16 – Número de agentes policiais intervenientes (n=113)

|  | n | % |
|---|---|---|
| 1 | 39 | 34.5 |
| 2 | 37 | 32.7 |
| 3 | 30 | 26.5 |
| ≥4 | 7 | 6.3 |
| TOTAL | 113 | 100 |

QUADRO 17 – Número de agentes policiais suspeitos de provocar as lesões (n=113)

|  | n | % |
|---|---|---|
| 1 | 93 | 82.3 |
| 2 | 14 | 12.4 |
| 3 | 6 | 5.3 |
| TOTAL | 113 | 100 |

Na maioria dos casos (82.3%) o número de cidadãos intervenientes nas ocorrências foi igual ou inferior a 3, destacando-se que em 44.2% apenas interveio um cidadão (Quadro 18).

De evidenciar, igualmente, que na maioria dos casos (76.1%) somente se verificou a ocorrência de lesões num cidadão (Quadro 19).

QUADRO 18 – Número de cidadãos intervenientes (n=113)

|  | n | % |
|---|---|---|
| 1 | 50 | 44.2 |
| 2 | 23 | 20.4 |
| 3 | 20 | 17.7 |
| 4 | 10 | 8.8 |
| 5 | 5 | 4.4 |
| ≥6 | 4 | 3.6 |
| Desconhecido | 1 | 0.9 |
| TOTAL | 113 | 100 |

## IV. Resultados

143

QUADRO 19 – Número de cidadãos ofendidos (n=113)

|  | n | % |
|---|---|---|
| 0 | 3 | 2.7 |
| 1 | 86 | 76.1 |
| 2 | 15 | 13.3 |
| 3 | 6 | 5.3 |
| 4 | 1 | 0.9 |
| Desconhecido | 2 | 1.8 |
| TOTAL | 113 | 100 |

Relativamente à acção praticada pelo ofendido (antes ou durante o facto lesivo realizado pelo agente) destaca-se a agressão física a agente(s) policial(ais) ou a terceiro(s) (21.2%), a ausência de qualquer acção (20.4%) e a fuga ou tentativa de fuga (11.5%) (Quadro 20).

QUADRO 20 – Acção do ofendido no momento da ofensa (n=113)

|  | n | % |
|---|---|---|
| Agressão física contra agente(s) ou terceiro(s) | 24 | 21.2 |
| Fuga/tentativa de fuga | 13 | 11.5 |
| Desobediência a ordem do(s) agente(s) | 12 | 10.6 |
| Resistência e coação sobre o(s) agente(s) | 9 | 8 |
| Injúrias a agente(s) | 7 | 6.2 |
| Discussão com o(s) agente(s) | 7 | 6.2 |
| Ameaça contra a vida do(s) agente(s) ou terceiro(s) | 4 | 3.6 |
| Contra-ordenação de trânsito | 4 | 3.5 |
| Alteração da ordem e tranquilidade públicas | 3 | 2.7 |
| Crime(s) contra o património | 2 | 1.8 |
| Nenhuma | 23 | 20.4 |
| Desconhecida | 5 | 4.4 |
| TOTAL | 113 | 100 |

Quanto à acção do agente, verificou-se que em 27.4% dos casos esta foi devida a represálias sobre o ofendido, seguindo-se a defesa própria ou alheia (15.9%) e o impedimento da fuga do ofendido (15.0%) (Quadro 21).

No que respeita ao mecanismo de produção das lesões, apurou-se que as lesões foram mais frequentemente provocadas através de murros

## 144    *As Lesões Contra a Vida e Contra a Integridade Física dos Cidadãos*

QUADRO 21 – Acção do agente policial no momento da ofensa (n=113)

|  | n | % |
| --- | --- | --- |
| Represália sobre o(s) ofendido(s) | 31 | 27.4 |
| Defesa própria ou alheia | 18 | 15.9 |
| Impedir fuga do(s) ofendido(s) | 17 | 15 |
| Execução coerciva de um serviço | 12 | 10.6 |
| Condução do(s) ofendido(s) ou terceiro(s) a esquadra | 11 | 9.7 |
| Detenção do(s) ofendido(s) ou terceiro(s) | 6 | 5.3 |
| Condução do(s) ofendido(s) ou terceiro(s) a estabelecimento prisional | 5 | 4.4 |
| Desconhecida | 6 | 5.3 |
| Nenhuma | 4 | 3.5 |
| Outra | 3 | 2.7 |
| TOTAL | 113 | 100 |

(27.8%), disparos com projécteis letais (19.6%), pontapés (15.5%), bofetadas (13.4%) e impactos com bastão policial (13.4%) (Quadro 22).

O total de casos para esta variável é superior a 113 em virtude de em algumas ocorrências ter havido mais do que um mecanismo na produção das lesões.

QUADRO 22 – Mecanismo de produção da lesão (n=149)

|  | n | % |
| --- | --- | --- |
| Murro | 27 | 27.8 |
| Disparo com projéctil letal | 19 | 19.6 |
| Pontapé | 15 | 15.5 |
| Bofetada | 13 | 13.4 |
| Impacto com bastão policial | 13 | 13.4 |
| Agarre | 11 | 11.3 |
| Pressão sobre o corpo | 8 | 8.2 |
| Impacto com outra parte corporal | 5 | 5.2 |
| Impacto com arma de fogo | 4 | 4.1 |
| Impacto com joelhos/cotovelos | 4 | 4.1 |
| Chave sobre articulação | 3 | 3.1 |
| Colocação de algemas | 2 | 2.1 |
| Impacto com rádio/lanterna | 2 | 2.1 |
| Cabeçada | 1 | 1 |
| Disparo com projéctil menos letal | 1 | 1 |
| Desconhecido | 13 | 13.4 |
| Outro | 6 | 6.2 |
| Nenhum | 2 | 2.1 |
| TOTAL | 149 | --- |

*IV. Resultados* 145

Atendendo ao momento concreto da ocorrência em que o agente policial provocou as lesões no ofendido, constatou-se que em 38.1% dos casos este estava estático, em 17.7% dos casos encontrava-se a atacar o(s) agente(s) ou terceiro(s) e igualmente em 17.7% dos casos estava em retirada ou em fuga (Quadro 23).

QUADRO 23 – Momento concreto da ofensa ao cidadão (n=113)

|  | n | % |
|---|---|---|
| Ofendido estático | 43 | 38.1 |
| Durante ataque do ofendido | 20 | 17.7 |
| Ofendido em retirada/fuga | 20 | 17.7 |
| Antes de ataque do ofendido | 8 | 7.1 |
| Após ataque do ofendido | 7 | 6.2 |
| Desconhecido | 15 | 13.2 |
| TOTAL | 113 | 100 |

Quanto à posição em que se encontrava o ofendido no momento em que o agente provocou a lesão, verificou-se uma maior frequência de casos em que estava de pé (frente) (44.25%), de pé (costas) (19.47%) e de pé (lado) (14.16%), desconhecendo-se a posição em que estava o ofendido em 11.50% dos casos (Quadro 24).

O total de casos para esta variável é superior a 113 em virtude de em algumas ocorrências ter havido mais do que um mecanismo na produção das lesões.

QUADRO 24 – Posição do ofendido face ao agente aquando da produção da lesão (n=120)

|  | n | % |
|---|---|---|
| Pé (frente) | 50 | 44.25 |
| Pé (costas) | 22 | 19.47 |
| Pé (lado) | 16 | 14.16 |
| Sentado (lado) | 10 | 8.85 |
| Decúbito dorsal | 3 | 2.65 |
| Sentado (costas) | 2 | 1.77 |
| Decúbito lateral | 2 | 1.77 |
| Ajoelhado (frente) | 1 | 0.88 |
| Decúbito ventral | 1 | 0.88 |
| Desconhecida | 13 | 11.50 |
| TOTAL | 120 | --- |

146　As Lesões Contra a Vida e Contra a Integridade Física dos Cidadãos

Na maioria dos casos (78.8%), no momento da lesão, o ofendido encontrava-se a menos de 1 metro do agente policial. Importa contudo salientar a verificação de 2 casos (1.8%) em que essa distância foi de 10 metros, 1 caso (0.9%) de 11 metros e outro (0.9%) de 35 metros (Quadro 25)[353].

QUADRO 25 – Distância (m) entre o agente policial e o ofendido (n=113)

|  | n | % |
|---|---|---|
| 0 – 1 m | 89 | 78.8 |
| 2 – 3 m | 3 | 2.7 |
| 4 – 5 m | 1 | 0.9 |
| 6 – 10 m | 5 | 4.4 |
| 11 – 35 m | 2 | 1.8 |
| Desconhecida | 13 | 11.5 |
| TOTAL | 113 | 100 |

Em 27.4% dos casos estudados, o agente policial que provocou as lesões no ofendido foi igualmente agredido por ele ou por terceiro(s) (Quadro 26).

QUADRO 26 – Agressão ao agente (n=113)

|  | n | % |
|---|---|---|
| Desconhecida | 3 | 2.7 |
| Sim | 31 | 27.4 |
| Não | 79 | 69.9 |
| TOTAL | 113 | 100 |

O grau de ameaça enfrentado pelo agente que provocou as lesões no ofendido foi baixo em 36.3% dos casos e nulo em 31.9%. Apenas em 11.5% dos casos esse grau foi elevado e somente em 9.7% foi médio. De salientar ainda a impossibilidade de apurar o grau de ameaça em 10.6% dos casos (Quadro 27).

---

[353] Os intervalos de distância considerados não são uniformes por obedecerem a critérios técnicos de intervenção policial.

*IV. Resultados* 147

QUADRO 27 – Grau de ameaça enfrentado pelo agente policial (n=113)

| | n | % |
|---|---|---|
| Nulo | 36 | 31.9 |
| Baixo | 41 | 36.3 |
| Médio | 11 | 9.7 |
| Elevado | 13 | 11.5 |
| Desconhecido | 12 | 10.6 |
| TOTAL | 113 | 100 |

Para fazer face ao grau de ameaça representado pelos ofendidos ou por terceiros, os agentes utilizaram maioritariamente (62.8%) um nível de força elevado. Em 12.4% dos casos não foi possível apurar o nível de força aplicado (Quadro 28).

QUADRO 28 – Nível de força aplicado pelo agente policial (n=113)

| | n | % |
|---|---|---|
| Muito baixo | 0 | 0 |
| Baixo | 16 | 14.2 |
| Médio | 12 | 10.6 |
| Elevado | 71 | 62.8 |
| Desconhecido | 14 | 12.4 |
| TOTAL | 113 | 100 |

### 1.3. Descrição das lesões corporais

Na maioria dos 113 casos estudados (84.1%) foi realizada uma perícia médico-legal para avaliação das lesões sofridas pelo ofendido. Foi conformada a existência de lesão(ões) corporal(ais) visível(eis) no ofendido em 87.6% dos casos.

No que concerne à zona corporal atingida com maior gravidade, apurou-se que tal ocorreu principalmente ao nível da face (38.9%), do crânio (18.6%) e do tórax (15.9%) (Quadro 29).

148 *As Lesões Contra a Vida e Contra a Integridade Física dos Cidadãos*

QUADRO 29 – Zona corporal atingida com maior gravidade (n=113)

|  | n | % |
|---|---|---|
| Crânio | 21 | 18.6 |
| Face | 44 | 38.9 |
| Pescoço | 3 | 2.7 |
| Tórax | 18 | 15.9 |
| Abdómen | 7 | 6.2 |
| Membros superiores | 6 | 5.3 |
| Membros inferiores | 6 | 5.3 |
| Desconhecida | 8 | 7.1 |
| TOTAL | 113 | 100 |

Quanto ao número de regiões corporais atingidas, constatou-se que em 31.0% dos casos apenas uma região foi atingida, em 21.2% foram atingidas duas e em 19.5% três (Quadro 30).

QUADRO 30 – Número de regiões corporais atingidas (n=113)

|  | n | % |
|---|---|---|
| 0 | 1 | 0.9 |
| 1 | 35 | 31.0 |
| 2 | 24 | 21.2 |
| 3 | 22 | 19.5 |
| 4 | 8 | 7.1 |
| 5 | 9 | 8.0 |
| 6 | 3 | 2.7 |
| 7 | 1 | 0.9 |
| 8 | 3 | 2.7 |
| Desconhecido | 7 | 6.2 |
| TOTAL | 113 | 100 |

No que respeita à gravidade das lesões mais importantes em cada caso, verificou-se que em 38.1% dos casos elas foram de grau 1, em 27.4% de grau 2 e em 12.4% de grau 5. Em 6.2% dos casos apurou-se a inexistência de qualquer lesão e em 7.1% não foi possível verificar a sua ocorrência (Quadro 31).

*IV. Resultados*                                                                    149

QUADRO 31 – Gravidade das lesões mais importantes[354] (n=113)

|              | n   | %    |
|--------------|-----|------|
| Grau 0       | 7   | 6.2  |
| Grau 1       | 43  | 38.1 |
| Grau 2       | 31  | 27.4 |
| Grau 3       | 6   | 5.3  |
| Grau 4       | 4   | 3.5  |
| Grau 5       | 14  | 12.4 |
| Desconhecida | 8   | 7.1  |
| TOTAL        | 113 | 100  |

A análise dos dados referentes à gravidade das sequelas resultantes das lesões permitiu apurar que na maioria dos casos não subsistiram quaisquer sequelas, verificando-se um grau 0 de gravidade. Isto foi constatado para 77.9% das sequelas lesionais, para 79.6% das sequelas funcionais e para 79.6% das sequelas situacionais. O grau de gravidade de sequelas mais elevado foi o grau 3 para as sequelas lesionais, em 1.8% dos casos (Quadros 32, 33, 34).

QUADRO 32 – Gravidade das sequelas lesionais (n=113)

|              | n   | %    |
|--------------|-----|------|
| Grau 0       | 88  | 77.9 |
| Grau 1       | 1   | 0.9  |
| Grau 2       | 3   | 2.7  |
| Grau 3       | 2   | 1.8  |
| Grau 4       | 0   | 0    |
| Desconhecido | 19  | 16.8 |
| TOTAL        | 113 | 100  |

---

[354] Grau 0 – ausência de lesões; Grau 1 – lesões mínimas (ex: escoriações; soluções de continuidade superficiais); Grau 2 – lesões de importância média (ex: laceração; fractura sem necessidade de tratamento cirúrgico); Grau 3 – lesões importantes (que implicam tratamento cirúrgico); Grau 4 – lesões muito importantes (potencialmente letais); Grau 5 – lesões mortais.

150 *As Lesões Contra a Vida e Contra a Integridade Física dos Cidadãos*

QUADRO 33 – Gravidade das sequelas funcionais (n=113)

|  | n | % |
|---|---|---|
| Grau 0 | 90 | 79.6 |
| Grau 1 | 1 | 0.9 |
| Grau 2 | 1 | 0.9 |
| Grau 3 | 0 | 0.0 |
| Grau 4 | 0 | 0.0 |
| Desconhecido | 21 | 18.6 |
| TOTAL | 113 | 100 |

QUADRO 34 – Gravidade das sequelas situacionais (n=113)

|  | n | % |
|---|---|---|
| Grau 0 | 90 | 79.6 |
| Grau 1 | 1 | 0.9 |
| Grau 2 | 1 | 0.9 |
| Grau 3 | 0 | 0.0 |
| Grau 4 | 0 | 0.0 |
| Desconhecido | 21 | 18.6 |
| TOTAL | 113 | 100 |

Em 73.5% dos 113 casos estudados, após a produção das lesões, o ofendido recebeu tratamento médico e em 16.8% houve inclusive necessidade de internamento hospitalar.

## 1.4. Resultados das decisões judiciais

### 1.4.1. *Processo penal*

No total dos 113 casos estudados, em 61 casos (54%) os agentes acusados ou pronunciados pela produção das lesões foram absolvidos em sede de audiência de julgamento.

De entre os 52 casos em que houve condenação, 11 casos (21.15%) foram-no por homicídio e 41 casos (78.85%) por ofensas à integridade física.

Considerando somente as condenações por homicídio, 63.6% foram por homicídio por negligência, 27.3% por homicídio simples e 9.1% por homicídio qualificado (Quadro 35).

*IV. Resultados* 151

QUADRO 35 – Condenações por homicídio (n=11)

|  | n | % |
|---|---|---|
| Homicídio por negligência | 7 | 63.6 |
| Homicídio simples | 3 | 27.3 |
| Homicídio qualificado | 1 | 9.1 |
| TOTAL | 11 | 100 |

Relativamente às condenações por ofensas à integridade física, 82.9% foram por ofensa à integridade física simples e 17.1% por ofensa à integridade física qualificada (Quadro 36).

QUADRO 36 – Condenações por ofensas à integridade física (n=41)

|  | n | % |
|---|---|---|
| Ofensa à integridade física simples | 34 | 82.9 |
| Ofensa à integridade física qualificada | 7 | 17.1 |
| TOTAL | 41 | 100 |

Atendendo ainda os 52 casos em que houve condenação, a pena mais frequentemente atribuída foi a pena de multa (53.85%) (Quadro 37).

QUADRO 37 – Tipo de pena atribuída nos casos de condenação (n=52)

|  | n | % |
|---|---|---|
| Prisão efectiva | 6 | 11.53 |
| Pena suspensa | 18 | 34.62 |
| Multa | 28 | 53.85 |
| TOTAL | 52 | 100 |

Quanto aos 6 casos em que foi decretada a pena de prisão efectiva, em 50% deles foram atribuídos 360 dias de duração (média=1800; SD=1763.6) (Quadro 38).

# 152  *As Lesões Contra a Vida e Contra a Integridade Física dos Cidadãos*

QUADRO 38 – Pena concreta (dias) nos casos de condenação
em prisão efectiva (n=6)

|        | n | % |
|--------|---|-----|
| 360    | 3 | 50   |
| 1800   | 1 | 16.7 |
| 3960   | 2 | 33.3 |
| TOTAL  | 6 | 100  |

Relativamente aos 18 casos de condenação em pena suspensa, o valor mais vezes observado foi de 1080 dias (27.8%), seguindo-se os valores de 720 dias (22.2%) e de 360 dias (22.2%) (média= 760; SD= 324.01) (Quadro 39).

QUADRO 39 – Pena concreta (dias) nos casos de condenação
em pena suspensa (n=18)

|        | n  | % |
|--------|----|------|
| 360    | 4  | 22.2 |
| 540    | 3  | 16.7 |
| 720    | 4  | 22.2 |
| 900    | 1  | 5.6  |
| 1080   | 5  | 27.8 |
| 1440   | 1  | 5.6  |
| TOTAL  | 18 | 100  |

Nos 28 casos em que a condenação foi traduzida em pena de multa, releva a percentagem daqueles em que a mesma se situou entre 500 e 750 € (32.1%), entre 250 e 500 € (28.6%) e entre 100 e 250 € (21.4%) (média=539.9 €; SD= 308.9 €; mín.= 100 €; máx.=1200 €) (Quadro 40).

QUADRO 40 – Montante (€) nos casos de condenação
em pena de multa (n=28)

|                 | n  | % |
|-----------------|----|------|
| ≤250            | 6  | 21.4 |
| ]250 – 500]     | 8  | 28.6 |
| ]500 – 750]     | 9  | 32.1 |
| ]750 – 1000]    | 3  | 10.7 |
| ]1000 – 1250]   | 2  | 7.1  |
| TOTAL           | 28 | 100  |

*IV. Resultados* 153

Nos casos em que houve absolvição do agente policial, o motivo para tal deveu-se, em 50.8% deles, à não produção/insuficiência de prova sobre os factos imputados; em 21.3% considerou-se que o agente actuou no cumprimento de um dever e em 13.2% que actuou em legítima defesa (própria ou alheia) (Quadro 41).

QUADRO 41 – Razões para a absolvição do agente policial (n=61)

|  | n | % |
|---|---|---|
| Não produção/insuficiência de prova | 31 | 50.8 |
| Cumprimento de um dever | 13 | 21.3 |
| Legítima defesa | 8 | 13.2 |
| Estado de necessidade desculpante | 2 | 3.3 |
| Amnistia | 2 | 3.3 |
| Estado de necessidade | 1 | 1.6 |
| Direito de necessidade | 1 | 1.6 |
| Não houve ofensa | 1 | 1.6 |
| Outras | 2 | 3.3 |
| TOTAL | 61 | 100 |

### 1.4.2. *Processo cível*

Em 63 dos 113 casos estudados (55.8%) houve dedução de pedido de indemnização cível pelos danos decorrentes das lesões.

De entre os 63 casos em que este pedido ocorreu, em 32 deles (50.8%) foi decretada judicialmente a obrigatoriedade do lesante indemnizar o(s) lesado(s). Na quase totalidade destes 32 casos (93.8%), esta obrigatoriedade recaiu sobre o agente policial. A indemnização visou o ressarcimento de danos patrimoniais em 12.5% dos 32 casos, de danos não patrimoniais em 43.8% e dos dois tipos de danos em 43.8% (Quadro 42).

QUADRO 42 – Tipo de danos a indemnizar (n=32)

|  | n | % |
|---|---|---|
| Patrimoniais | 4 | 12.4 |
| Não patrimoniais | 14 | 43.8 |
| Os dois tipos | 14 | 43.8 |
| TOTAL | 32 | 100 |

154    *As Lesões Contra a Vida e Contra a Integridade Física dos Cidadãos*

Quanto aos montantes de indemnização estipulados na decisão judicial, o montante mínimo foram 50 euros, o máximo 75000 euros, a moda 500 euros, cifrando-se a média em 500 euros, para um total de montante de indemnizações de 172895 euros (SD=13896) (Quadro 43).

QUADRO 43 – Montante de indemnização (€) (n=32)

|  | € |
|---|---|
| Mínimo | 50 |
| Máximo | 75000 |
| Moda | 500 |
| Média | 5403 |
| TOTAL | 172895 |

## 2. ESTUDO DA RELAÇÃO DE DEPENDÊNCIA ENTRE VARIÁVEIS

### 2.1. Idade do agente policial e mecanismos de produção das lesões

Procedeu-se à análise da relação entre a variável idade dos agentes policiais e a variável mecanismos de produção das lesões (disparo de arma de fogo com projéctil letal, murro, bofetada, bastão policial) e verificou-se que a idade não se relaciona com nenhum tipo de mecanismo ($p>0.05$) (Quadro 44).

QUADRO 44 – Relação entre a idade do agente policial
e os mecanismos de produção das lesões

| Mecanismos | Idade | | | | $\chi^2$ | $p$ |
|---|---|---|---|---|---|---|
| | ≤35 anos | | >35 anos | | | |
| | n | % | n | % | | |
| Disparo de arma de fogo | 7 | 36.8 | 12 | 63.2 | 3.414 | 0.065 |
| Murro | 12 | 44.4 | 15 | 55.6 | 1.932 | 0.165 |
| Bofetada | 7 | 53.8 | 6 | 46.2 | 0.027 | 0.87 |
| Impacto com bastão policial | 5 | 38.5 | 8 | 61.5 | 1.835 | 0.176 |

*IV. Resultados*                                                                155

## 2.2. Idade do agente policial e resultado da perícia médico-legal

Ao estudar-se a relação entre a idade do agente policial e o resultado da perícia médico-legal, verificou-se que tanto a zona corporal em que foi detectada a lesão mais importante como a gravidade das lesões mais importantes não dependem da idade do agente policial (p>0.05) (Quadros 45 e 46).

QUADRO 45 – Relação entre a idade do agente policial e a zona corporal

| | **Idade** | | | | | |
|---|---|---|---|---|---|---|
| **Zona corporal** | ≤35 anos | | >35 anos | | $\chi^2$ | $p$ |
| | n | % | n | % | | |
| Crânio/face/pescoço | 40 | 58.8 | 28 | 41.2 | | |
| Tórax/abdómen | 12 | 48 | 13 | 52 | 1.137 | 0.566 |
| Membros | 4 | 66.7 | 2 | 33.3 | | |

QUADRO 46 – Relação entre a idade do agente policial e a gravidade das lesões

| | **Idade** | | | | | |
|---|---|---|---|---|---|---|
| **Gravidade das lesões** | ≤35 anos | | >35 anos | | $\chi^2$ | $P$ |
| | n | % | n | % | | |
| Grau 0/Grau 1/Grau2/Grau 3 | 52 | 86.7 | 35 | 77.8 | 1.43 | 0.232 |
| Grau 4/Grau 5 | 8 | 13.3 | 10 | 22.2 | | |

## 2.3. Idade do agente policial e sentença judicial no âmbito penal

Analisando a relação entre a idade do agente policial e a sentença judicial no âmbito penal verificou-se que a sentença foi semelhante para os elementos mais novos e para os mais velhos (p>0.05) (Quadro 47).

QUADRO 47 – Relação entre a idade do agente policial e o resultado da decisão judicial

| Sentença | Idade | | | $\chi^2$ | P |
|---|---|---|---|---|---|
| | ≤35 anos | | >35 anos | | |
| | n | % | n | % | |
| Condenação | 27 | 51.9 | 25 | 48.1 | 1.236 | 0.266 |
| Absolvição | 38 | 62.3 | 23 | 37.7 | | |

## 2.4. Zona do país onde decorreram os factos e mecanismos de produção das lesões

Não foi possível analisar a relação entre a zona do país[355] onde decorreram os factos e os mecanismos de produção das lesões (disparo de arma de fogo com projéctil letal, bofetada, impacto com o bastão policial) em virtude de haver mais de 20% de células em que o número de valores esperados foi inferior a 5.

Quanto à relação entre a zona do país e o mecanismo murro, verificou-se que a percentagem de casos em que este foi utilizado é semelhante no Norte (31.43%), no Centro (35.29%) e no Alentejo e Algarve (32.0%), sendo diminuta na zona de Lisboa (6.25%) ($\chi^2$=8.434; p=0.038) (Gráfico 2).

---

[355] Cf. www.ine.pt [citado em 8 de Janeiro de 2007].

GRÁFICO 2 – Relação entre a zona do país onde decorreram os factos e o mecanismo murro

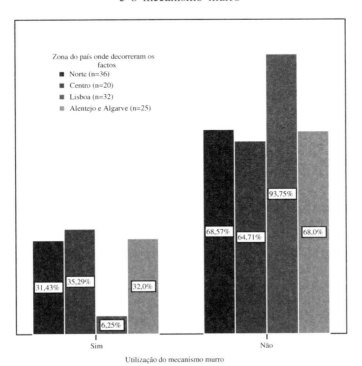

## 2.5. Zona do país onde decorreram os factos e sentença judicial no âmbito penal

A partir da análise da relação entre a zona do país onde decorreram os factos e a sentença penal para o agente policial, constatou-se que a maior percentagem de condenações ocorreu no Alentejo e Algarve (72.0%) e que, embora em percentagens muito próximas da zona Norte e da zona Centro, foi em Lisboa que se verificou a maior percentagem de absolvições (65.62%) ($\chi^2$=9.285; p=0.026) (Gráfico 3).

## GRÁFICO 3 – Relação entre a zona do país e a sentença judicial no âmbito penal

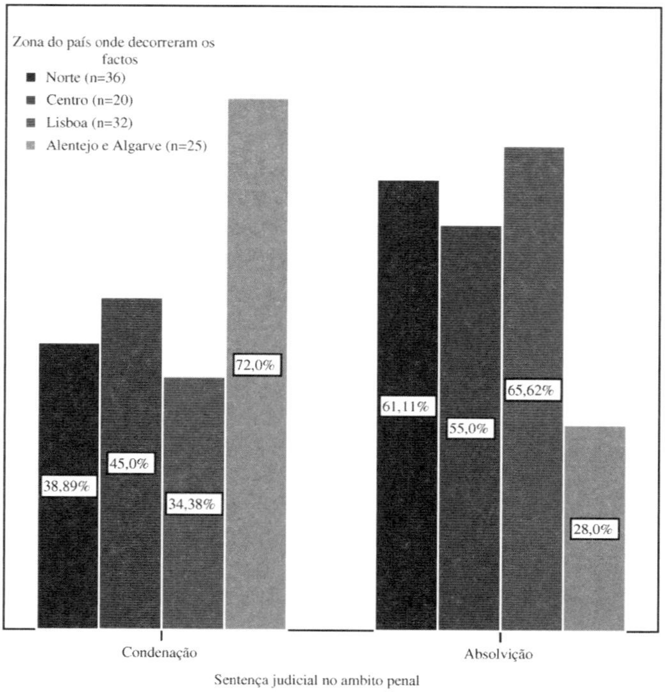

Zona do país onde decorreram os factos
- Norte (n=36)
- Centro (n=20)
- Lisboa (n=32)
- Alentejo e Algarve (n=25)

Condenação: 38,89% / 45,0% / 34,38% / 72,0%
Absolvição: 61,11% / 55,0% / 65,62% / 28,0%

Sentença judicial no ambito penal

## 2.6. Local físico dos factos e mecanismos de produção das lesões, acção concreta do agente policial e resultado da perícia médico-legal

A análise da relação entre o local físico dos factos e os mecanismos de produção das lesões (disparo de arma de fogo com projéctil letal, murro, bofetada, impacto com o bastão policial) revelou-se inviável em virtude de existir uma percentagem de células superior a 20% em que o número de valores esperados foi inferior a 5. O mesmo aconteceu com a análise da relação entre o local físico dos factos e a acção concreta do agente policial e o resultado da perícia médico-legal – zona corporal em que foi detectada a lesão mais importante, gravidade das lesões mais importantes.

## 2.7. Distância ao ofendido e mecanismo disparo de arma de fogo com projéctil letal

Tendo-se verificado a existência de uma relação estatisticamente significativa entre a distância a que a lesão foi provocada e a utilização do disparo de arma de fogo com projéctil letal ($\chi^2$=56.305; p<0.001), constatou-se que foi para as distâncias [0 – 1] metros (38.89%) e [5 – 10] metros (27.78%) que ocorreram as maiores percentagens de disparos (Gráfico 4).

GRÁFICO 4 – Relação entre a distância ao ofendido e o agente policial que realizou o disparo de arma de fogo com projéctil letal

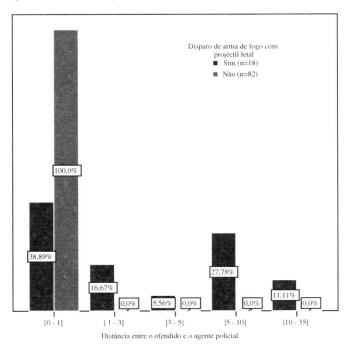

## 2.8. Grau de ameaça e nível de força

A verificação de uma relação de dependência entre o grau de ameaça enfrentado pelos agentes e o nível de força por eles empregue ($\chi^2$=18.796; p<0.001), permitiu constatar que o nível de força elevado é sempre mais utilizado que o nível baixo/médio para qualquer grau de ameaça. Em particular quanto ao grau de ameaça nulo, é quase exclusivamente utilizado o nível de força elevado (97.14%). Este nível de força é também maioritariamente utilizado quando o grau de ameaça é baixo/médio (54%) e quando é elevado (66.67%) (Gráfico 5).

GRÁFICO 5 – Relação entre o grau de ameaça e o nível de força

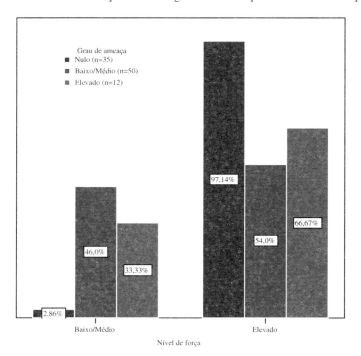

### 2.9. Mecanismo de produção das lesões e o resultado da perícia médico-legal

Ao estudar-se a relação entre os mecanismos de produção das lesões (murro e disparo de arma de fogo com projéctil letal) e a gravidade das lesões mais importantes, verificou-se existir uma relação estatisticamente significativa entre estas variáveis.

Apurou-se que, nos casos em que foram efectuados disparos de arma de fogo com projéctil letal, as lesões provocadas foram maioritariamente de grau 4 e de grau 5 (88.89%) ($\chi^2$ =71.186; p<0.001)[356] (Gráfico 6). Em sentido diverso, constatou-se que o mecanismo murro foi unicamente utilizado nos casos em que as lesões foram de grau igual ou inferior a 3, sendo usado para provocar 30.95% da totalidade dessas lesões ($\chi^2$ =7.477; p=0.005) (Gráfico 7).

GRÁFICO 6 – Relação entre a gravidade das lesões mais importantes e o disparo de arma de fogo com projéctil letal

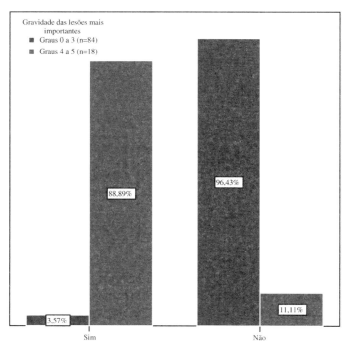

---

[356] O valor da significância foi obtido através do Teste Exacto de Fisher.

GRÁFICO 7 – Relação entre a gravidade das lesões mais importantes
e o mecanismo murro

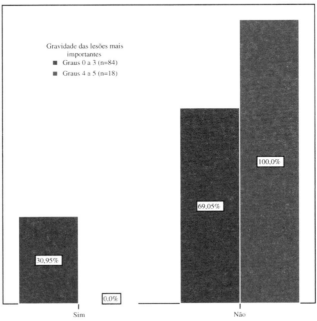

Verificou-se existir uma relação estatisticamente significativa entre a zona corporal em que foi detectada a lesão mais importante e o disparo de arma de fogo com projéctil letal ($\chi^2=18.417$; $p<0.001$). Como se pode constatar através da observação do Gráfico 8, a zona corporal mais visada com os disparos foi a do tórax/abdómen, perfazendo 44.0% da totalidade das lesões provocadas nesta parte corporal. Não foram atingidos os membros superiores nem os membros inferiores.

GRÁFICO 8 – Relação entre a zona corporal em que foi detectada a lesão mais grave e o mecanismo disparo de arma de fogo com projéctil letal

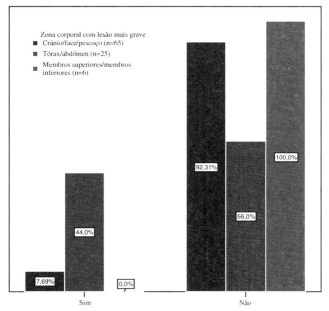

## 2.10. Grau de ameaça e resultado da perícia médico-legal

Não foi possível apurar a relação entre o grau de ameaça e a zona corporal em que foi detectada a lesão mais grave em virtude de existir uma percentagem de células superior a 20% em que o número de valores esperados foi inferior a 5.

Verificou-se que a gravidade das lesões mais importantes não foi influenciada pelo grau de ameaça ($\chi^2$ =4.376; p>0.05) (Quadro 48).

QUADRO 48 – Relação entre o grau de ameaça e a gravidade das lesões mais importantes

| Grau de ameaça | Gravidade das lesões | | | | $\chi^2$ | P |
|---|---|---|---|---|---|---|
| | Grau 0/Grau 1/ Grau 2/ Grau 3 | | Grau 4/ Grau 5 | | | |
| | n | % | n | % | | |
| Nulo | 33 | 91.7 | 3 | 8.3 | | |
| Baixo/Médio | 37 | 77.1 | 11 | 22.9 | 4.376 | 0.112 |
| Elevado | 9 | 69.2 | 4 | 30.8 | | |

## 2.11. Nível de força e resultado da perícia médico-legal

Não foi possível analisar a relação entre o nível de força e a zona corporal em que foi detectada a lesão mais grave em virtude de existir uma percentagem de células superior a 20% em que o número de valores esperados foi inferior a 5.

Verificou-se existir relação entre o nível de força empregue e a gravidade das lesões mais importantes (p=0.035)[357], destacando-se o facto de em 94.12% dos casos em que a gravidade das lesões foi de Grau 4/ /Grau 5 o nível de força empregue ter sido elevado (Gráfico 9).

GRÁFICO 9 – Relação entre o nível de força e a gravidade das lesões mais importantes

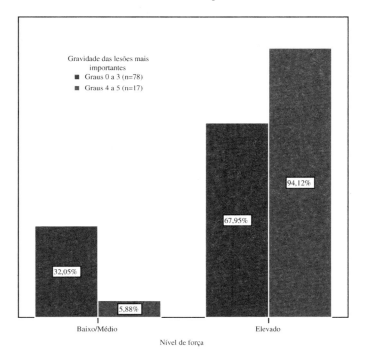

___
[357] Este é o valor da significância do teste Fisher's Exact Test.

## 2.12. Mecanismo bofetada e sentença para o agente no âmbito penal

Nos casos em que foi utilizada a bofetada, a percentagem de condenações (21.15%) foi superior à de absolvições (3.51%) ($\chi^2$ =8.06; p=0.005) (Gráfico 10).

GRÁFICO 10 – Relação entre o mecanismo bofetada e a sentença penal para o agente

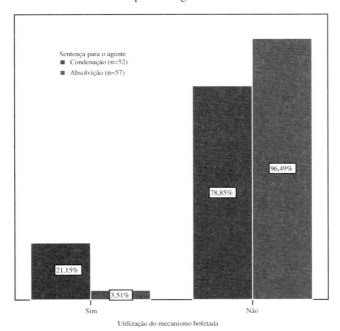

## 2.13. Mecanismo disparo de arma de fogo com projéctil letal e sentença penal para o agente

Verificou-se não existir relação entre a execução de disparo de arma de fogo com projéctil letal e a sentença judicial para o agente ($\chi^2$ =0.957; p=0.328). Não obstante esta independência entre as variáveis, constatou-se que, nos casos de utilização de arma de fogo com projécteis letais, a percentagem de condenações (57.9%) é superior à percentagem de absolvições (42.1%) (Quadro 49).

QUADRO 49 – Relação entre o mecanismo disparo de arma de fogo com projéctil letal e sentença judicial no âmbito penal

| Disparo de arma de fogo Com projéctil letal | Sentença | | | | $\chi^2$ | p |
|---|---|---|---|---|---|---|
| | Condenação | | Absolvição | | | |
| | n | % | n | % | | |
| Sim | 11 | 57.9 | 8 | 42.1 | 0.957 | 0.328 |
| Não | 41 | 45.6 | 49 | 54.4 | | |

## 2.14. Mecanismo disparo de arma de fogo com projéctil letal e condenação por homicídio

Verificou-se existir uma relação de dependência entre a utilização do mecanismo disparo de arma de fogo com projéctil letal e a condenação do agente policial por homicídio ($\chi^2$ =45.895; p<0.001).

Constatou-se que na grande maioria de casos em que houve condenação por homicídio (90.91%) o mecanismo de produção da lesão utilizado foi o disparo de arma de fogo com projéctil letal (Gráfico 11).

GRÁFICO 11 – Relação entre o disparo de arma de fogo com projéctil letal e a condenação por homicídio

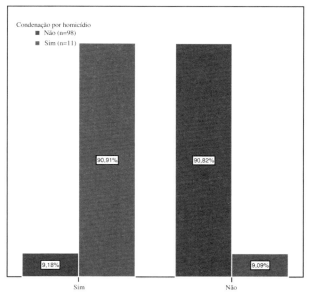

## 2.15. Grau de ameaça e resultado da decisão judicial no âmbito penal

Da análise da relação entre o grau de ameaça e a sentença para o agente policial, apurou-se que para os casos de grau de ameaça nulo a decisão judicial foi maioritariamente a condenação (80.56%) e que, contrariamente, para os casos de grau de ameaça baixo/médio ocorreu maioritariamente a absolvição (59.62%), o mesmo acontecendo, de forma ainda mais expressiva, para os casos de grau de ameaça elevado (84.62%) ($\chi^2$= 21.528; p<0.001) (Gráfico 12).

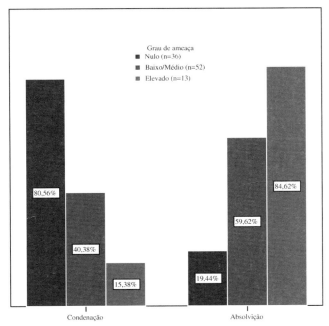

GRÁFICO 12 – Relação entre o grau de ameaça e o resultado da decisão judicial no âmbito penal

Não foi possível obter resultados relativos à relação entre o grau de ameaça e a condenação do agente policial por homicídio por se ter verificado uma percentagem de células superior a 20% em que o número de valores esperados foi inferior a 5.

Quanto à relação entre o grau de ameaça e a condenação do agente policial por ofensas à integridade física, foi para os casos de grau de ameaça nulo que esta decisão ocorreu mais vezes (63.33%) ($\chi^2$= 24.799) (p<0.001) (Gráfico 13).

GRÁFICO 13 – Relação entre o grau de ameaça e a condenação por ofensas à integridade física

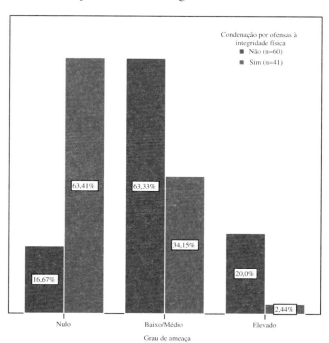

## 2.16. Nível de força e resultado da decisão judicial no âmbito penal

Apurou-se existir uma relação estatisticamente significativa entre o nível de força empregue e o resultado da decisão judicial no âmbito penal ($\chi^2$=15.14; p<0.001), constatando-se que, quando foi aplicado um nível de força elevado, ocorreu maioritariamente a condenação do agente policial (64.79%), e que quando foi empregue um nível de força baixo//médio se verificou mais a absolvição (78.57%) (Gráfico 14).

GRÁFICO 14 – Relação entre o nível de força e a sentença judicial
no âmbito penal

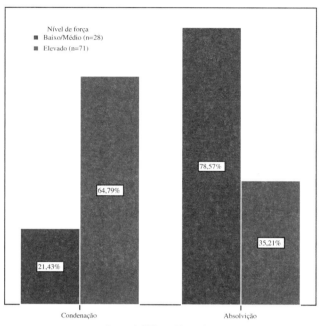

Não foi possível averiguar a relação entre o nível de força e a condenação por homicídio por existir uma percentagem de células superior a 20% em que o número de valores esperados foi inferior a 5.

Ao analisar a relação entre o nível de força e a condenação por ofensas à integridade física verificou-se que, nos casos em que houve condenação, foi mais utilizado o nível de força elevado (50.7%) do que o nível baixo/médio (17.86%), constatando-se o inverso nos casos em que houve absolvição (nível de força baixo/médio – 82.14%; nível de força elevado – 49.30%) ($\chi^2$=8.93; p=0.003) (Gráfico 15).

170 *As Lesões Contra a Vida e Contra a Integridade Física dos Cidadãos*

GRÁFICO 15 – Relação entre o nível de força e a condenação
por ofensas à integridade física

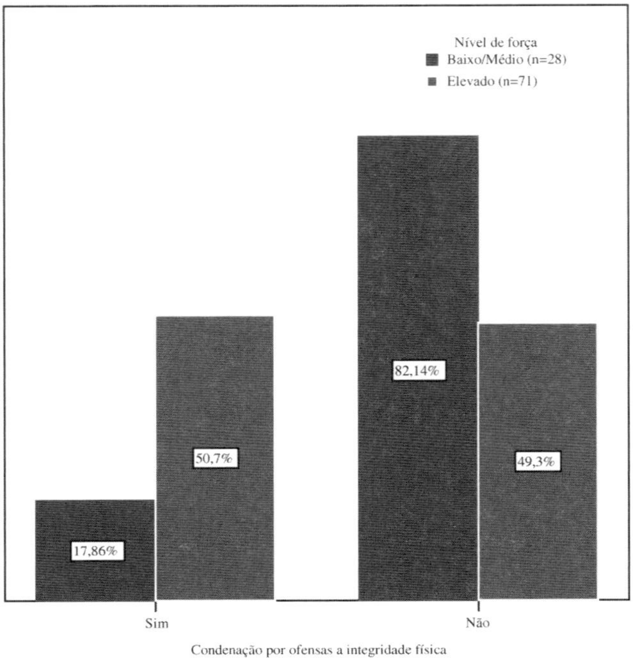

## 2.17. Gravidade das lesões e resultado da sentença judicial no âmbito penal

Verificou-se que a gravidade das lesões mais importantes e a sentença judicial penal para o agente policial são variáveis que não estão relacionadas (p>0.05) (Quadro 50).

QUADRO 50 – Relação entre a gravidade das lesões e o resultado
da sentença judicial

| Gravidade das lesões | Sentença | | | | $\chi^2$ | $p$ |
|---|---|---|---|---|---|---|
| | Condenação | | Absolvição | | | |
| | n | % | n | % | | |
| Grau 0/ Grau 1/ Grau 2/ Grau 3 | 41 | 47.1 | 46 | 52.9 | 1.167 | 0.28 |
| Grau 4/ Grau 5 | 11 | 61.1 | 7 | 38.9 | | |

# V. DISCUSSÃO

# 1. UTILIZAÇÃO DA FORÇA EM ACÇÕES POLICIAIS

A actividade policial é actualmente dividida por alguns autores em quatro âmbitos de intervenção: patrulha, investigação criminal, trânsito e actividades administrativas[358].

Num estudo realizado por David Bayley, a acção de patrulha comporta a maior percentagem de serviço para os agentes policiais (65% nos EUA, 64% no Canadá, 56% na Grã-Bretanha, 54% na Austrália, 40% no Japão), seguindo-se a investigação criminal (respectivamente para os mesmos países, 15%, 14%, 15%, 16%, 20%), o trânsito (7%, 6%, 7%, 10%, 17%) e as actividades administrativas (9%, 10%, 7%, 6%, 11%)[359].

Sendo verdade que em muitos destes serviços os agentes policiais intervêm como pacificadores e moderadores, em alguns deles actuam necessariamente como autoridade no sentido estrito do termo. Nestes casos, uma vez que existem conflitos com os cidadãos, os agentes policiais têm de lançar mão das suas prerrogativas de força de segurança e, consequentemente, utilizar meios coercivos[360].

A materialização desta prerrogativa de coercibilidade comporta perigos para a vida e para a integridade física dos cidadãos.

Como acontece em qualquer Estado de Direito Democrático, também em Portugal a actividade policial em geral, e a da Polícia de Segurança Pública em particular, está balizada por princípios constitucionais. De entre estes cumpre destacar o princípio da proporcionalidade. No âmbito deste estudo, este princípio é analisado numa perspectiva de justa medida entre o grau de ameaça representada pela acção dos suspeitos e o nível de força empregue pelos agentes policiais.

---

[358] DAVID BAYLEY, *Police for the future* (1994), Oxford University Press: New York, pp. 3-35; ROD MORGAN, TIM NEWBURN, *The future of policing* (1997), Oxford University Press: New York, pp. 74-103; Cf. ALAN WRIGHT, *Policing: an introduction to concepts and practice* (2002), Willan Publishing: UK, pp. 1-61.

[359] DAVID BAYLEY, *op. cit.*, pp. 15-35.

[360] ROBERT REINER, *The politics of the police* (2000), Oxford University Press: New York, p. 111.

A conformidade da actuação policial com o princípio da proporcionalidade é avaliada, nos âmbitos penal e civil, pelos tribunais judiciais, e, no âmbito disciplinar, pelo superior hierárquico que, no caso particular dos agentes da PSP, é, em última instância, a nível interno a Direcção Nacional e a nível externo o Ministério da Administração Interna (MAI) através da IGAI.

De acordo com os dados fornecidos pela Procuradoria-Geral da República, entre o ano 1991 e o ano 2004, foi comunicado a esta instância a formalização de 22 denúncias por homicídio e de 1923 denúncias por ofensas corporais, factos estes provocados por agentes da PSP[361].

Estas denúncias podem unicamente ser interpretadas como o exercício do direito de queixa pelos ofendidos ou, no caso dos crimes públicos, como resultado da imposição legal de promoção da investigação por parte dos tribunais. Neste sentido, elas apenas retratam as queixas e não os factos realmente praticados pelos agentes policiais.

De qualquer modo, sempre indiciam o universo de ocorrências policiais em que o emprego de meios coercivos pela PSP comportou a ocorrência de danos para a vida ou para a integridade física dos cidadãos.

## 2. CARACTERIZAÇÃO DOS OFENDIDOS E DOS AGENTES POLICIAIS

### 2.1. Ofendidos

De entre os dados demográficos dos ofendidos importa salientar o facto de a maioria serem do sexo masculino (92%), jovens adultos (68.7%), solteiros (56.6%), com actividade profissional enquadrada nos grupos IV – trabalhadores das indústrias extractiva e transformadora e condutores de máquinas fixas e de transporte (28.3%), V – pessoal dos serviços de protecção e segurança, serviços pessoais e domésticos e similares (10.6%) e VII – pessoal do comércio e vendedores (17.7%).

Num estudo realizado pela IGAI[362], relativo às queixas pelo comportamento das forças de segurança durante o ano de 1999, verificou-se igualmente que a maioria dos denunciantes (79.3%) era do sexo masculino.

---

[361] Fonte: PGR, 2005.

[362] MARIA JOÃO MILITÃO, *Queixas participadas pelo comportamento das forças de segurança in Controlo Externo da Actividade Policial*, Vol. II, Lisboa: IGAI, 2003, p. 255.

Quanto à actividade profissional dos ofendidos, o facto de a percentagem de indivíduos pertencentes aos grupos I – pessoal de profissões científicas, técnicas, artísticas e similares, II – directores e quadros superiores administrativos e III – pessoal administrativo e similares, no seu todo, ser diminuta, poderá explicar-se por se tratar de actividades geralmente não desenvolvidas ao ar livre mas sim em ambientes fechados, ou, eventualmente, por se tratar de profissões em que os indivíduos possuem habilitações académicas mais elevadas e que, por isso, por um lado, entram menos em confronto com a actividade policial e, por outro, reivindicam os seus direitos nas instâncias judiciais e não directamente aos agentes de autoridade, confrontando-os, eventualmente enfrentando-os, com esses direitos durante as ocorrências.

Ainda relativamente ao grupo profissional dos ofendidos, evidencie-se igualmente a baixíssima percentagem dos pertencentes ao Grupo VI – agricultores, criadores de animais, trabalhadores agrícolas e florestais, pescadores e caçadores (3.5%). Esta percentagem explica-se pelo facto de se tratar de indivíduos que habitam em zonas rurais e não em zonas urbanas, onde actua usualmente a Guarda Nacional Republicana e não a Polícia de Segurança Pública.

## 2.2. Agentes policiais

Marta Miguel[363], num estudo sobre as acções de detenção em que houve uso da força por parte de agentes policiais pertencentes ao Comando Metropolitano da PSP de Lisboa e ao Comando Metropolitano da PSP do Porto, verificou que os agentes eram todos homens. Neste estudo, no mesmo sentido, concluiu-se que os agentes policiais suspeitos de terem provocado as lesões eram quase exclusivamente do sexo masculino (98.2%).

No que concerne à distribuição segundo a carreira profissional, a maioria dos agentes policiais (82.3%) são da classe de Agente, seguindo-se os da classe de Chefe (15.9%) e, por último, numa percentagem muito residual (1.8%), os da classe de Oficial. Quanto a esta variável, já anteriormente Marta Miguel[364] havia concluído que 95% dos agentes que

---

[363] MARTA MIGUEL, *Violência policial: estudo exploratório em dois Comandos da PSP*, Trabalho final de licenciatura em Ciências Policiais, Lisboa: ISCPSI, 2004, p. 43.
[364] *Idem*, p. 41.

utilizaram a força para realizar a detenção de suspeitos eram da classe de Agente. Esta diferença de percentagens explica-se pelo facto de serem essencialmente os elementos da carreira de Agente que desenvolvem funções na rua e que, por isso, intervêm mais directamente com os cidadãos, nomeadamente em ocorrências em que são usados meios coercivos. Os elementos pertencentes à carreira de Chefe desempenham funções de enquadramento e supervisão, cabendo aos da classe de Oficial fundamentalmente tarefas de comando e de coordenação que implicam um reduzido contacto com ocorrências práticas.

## 3. CIRCUNSTÂNCIAS EM QUE OCORRERAM AS LESÕES

Relativamente ao ano dos factos, verificou-se uma oscilação do número de casos no período entre 1991 e 2000. Constata-se uma diminuição tendencial do número de casos a partir de 1996. Esta redução, por vezes, é apontada como uma consequência do início da actividade da Inspecção-Geral da Administração Interna, entidade criada em 1995 pelo DL n.º 227/95, de 11 de Setembro. Esta explicação, embora careça de fundamentação científica, é aceitável na medida em que aquela inspecção foi criada precisamente com o intuito de fazer diminuir as queixas acerca da actuação das forças de segurança, actuando como mecanismo de controlo das mesmas.

Num estudo relativo ao uso de armas de fogo pelos agentes policiais franceses entre 1995 e 1999, Charles Diaz[365] concluiu que na região de Paris, "a grande maioria dos disparos aconteceu durante a noite", mais precisamente entre as 22h00 e as 05h00. Marta Miguel[366], no âmbito específico das detenções em que houve uso da força, concluiu igualmente que estas ocorrem nos períodos nocturnos de serviço (19h01-01h00 e 01h01-07h00). Neste estudo, no mesmo sentido destes autores, verificou-se que é de noite – entre as 19h01 e as 07h00 – que ocorre a maioria das lesões (73.4%). Em sentido diverso, Maria Militão[367], no estudo

---

[365] CHARLES DIAZ, *O uso de armas de fogo pelos agentes policiais em França*, in IGAI, Uso de armas de fogo pelos agentes policiais, Seminário Internacional, Lisboa: IGAI, 2004, p. 69.

[366] MARTA MIGUEL, *op.*, *cit.*, p. 46.

[367] MARIA JOÃO MILITÃO, *op.*, *cit.*, p.264. Neste estudo são analisados diversos factos e não só factos referentes ao uso de meios coercivos. Deste modo, não é possível isolar a hora concreta daqueles em que a queixa é referente à provocação de lesões, devendo estes resultados ser analisados com reservas.

relativo às queixas apresentadas pelo comportamento das forças de segurança – em que a maioria (58%) dos agentes pertencia à PSP – apresenta dados dos quais se concluiu que 60% dos factos alegados pelas vítimas ocorreram durante o dia.

A distribuição dos factos por distrito – Lisboa apresenta a maior percentagem dos casos (28.3%), seguindo-se Porto (23%) e Setúbal (11.5%) – reflecte directamente a dimensão de cada um dos Comandos de Polícia destas cidades. Em termos de efectivos e de volume de ocorrências, o Comando Metropolitano da PSP de Lisboa (COMETLIS) surge primeiro, seguido do Comando Metropolitano da PSP do Porto (COMETPOR) e do Comando Distrital de Setúbal (CDSetúbal), respectivamente[368]. No estudo realizado pela IGAI[369] acerca das queixas relativas ao comportamento das forças de segurança, havia igualmente sido concluído que a maior percentagem (50%) de agentes suspeitos se reportava ao efectivo do COMETLIS.

Num estudo realizado por Patrik Manzoni[370] sobre a polícia da Suíça, apurou-se que, no que respeita ao local onde decorreram factos que originaram a instauração de processos-crime contra agentes policiais, a maioria (73%) tiveram lugar na via pública, seguido de casa particular (12%), café/bar (6%), outros (6%) e esquadra policial (4%). No mesmo sentido, Maria Militão[371] apurou que a acção que originou a queixa pelo comportamento das forças de segurança, decorreu maioritariamente no exterior da esquadra policial (58.8%), seguido do interior da esquadra (22.8%). Neste estudo, verificou-se que a maioria dos casos ocorreram igualmente na via pública (64.6%), seguindo-se os ocorridos na esquadra policial (19.5%) e em outros locais (10.6%). A similitude destes resultados apontando a via pública como local onde decorre a maioria dos factos, justifica-se por ser essencialmente na rua que acontece a generalidade das acções policiais e de, no interior das esquadras, serem mais resolvidos os assuntos de índole burocrática relativos às ocorrências.

---

[368] Em 2005, estes comandos policiais possuíam, respectivamente, 6903, 3077 e 1073 elementos (Fonte: Departamento de Recursos Humanos da Polícia de Segurança Pública DEPRH/DNPSP)

[369] *Idem*, p. 268.

[370] Patrik Manzoni, *Gewalt zwischen Polizei und Bevölkerung. Einflüsse von Arbeits-belastung*, Arbeitszufriedenheit und Burnout auf polizeiliche Gewaltausübung und Opfererfahrungen Zürich *apud* Thomas Feltes, *O uso de armas de fogo pelos agentes policiais na Alemanha*, in IGAI, Uso de armas de fogo pelos agentes policiais, Seminário Internacional em Queluz – Portugal, em Novembro de 2003, p. 21.

[371] Maria Militão, *op., cit.*, p. 264.

178     *As Lesões Contra a Vida e Contra a Integridade Física dos Cidadãos*

Quanto ao número de agentes policiais intervenientes nas ocorrências, a justificação para que em 93.7% dos casos o número de agentes intervenientes seja de 3 ou menos poderá buscar-se no facto de a generalidade do policiamento da PSP ser feito em patrulha simples, em binómio ou, no máximo, em trinómio.

O número de agentes policiais suspeitos de provocar as lesões nos cidadãos foi maioritariamente de apenas 1 (82.3%). Isto significa que os meios coercivos são usualmente aplicados de forma individual por cada agente policial.

Os resultados obtidos para o número de cidadãos intervenientes são semelhantes aos do número de agentes intervenientes, verificando-se o máximo de até 3 cidadãos intervenientes para a maioria dos casos (82.3%). Daqui resulta que, atendendo ao facto de em 44.2% dos casos apenas intervir um cidadão, pode afirmar-se que as ocorrências em que são empregues meios coercivos são ocorrências mais individuais do que grupais. O mesmo se constata para o número de cidadãos ofendidos, que em 76.1% dos casos foi de apenas 1.

Relativamente aos factos praticados pelos cidadãos no momento da ofensa, a maior percentagem (21.2%) verificou-se para os casos de agressão física contra o(s) agente(s) policial(ais) ou terceiro(s). De salientar, ainda, a percentagem em que ao(s) ofendido(s) não foi atribuída qualquer acção (20%) e em que ocorreu a fuga/tentativa de fuga (11.5%). No estudo realizado por Manzoni[372], apurou-se que as acções violentas dos suspeitos contra os agentes policiais ocorreram maioritariamente através de ameaças verbais (61.3%), seguido de violência física (29.7%), de ameaça com arma (13.2%), e de ataque com arma (4.1%).

A confrontação entre estes dados da acção do ofendido e os relativos à acção do agente policial no momento da ofensa, não permite estabelecer uma correspondência. Na verdade, no que concerne à acção do agente, a maior percentagem (27.4%) verifica-se para represália sobre o(s) ofendido (s), surgindo a defesa própria ou alheia contra a agressão de suspeito somente em segundo lugar, com 15.9% dos casos, e o impedimento da fuga do(s) ofendido(s) ou terceiro, com 15%.

No que concerne ao mecanismo utilizado pelo agente policial na produção das lesões, excluindo os casos de disparo de arma de fogo com projéctil letal (19.6%), as maiores percentagens verificaram-se para

---

[372] PATRIK MANZONI, *op. cit.*, p. 97 *apud* THOMAS FELTES, *op. cit.*, in IGAI, *op. cit.* p. 23.

## V. Discussão

mecanismos contundentes: murro (27.8%), pontapé (15.5%), bofetada (13.4%) e impacto com bastão policial (13.4%). No mesmo sentido, o Comité para a Prevenção da Tortura nas Prisões (CPTP) do Conselho da Europa (CE), com base na análise das queixas verificadas durante as inspecções realizadas a esquadras policiais portuguesas em 2002 e 2003, concluiu que os mecanismos mais frequentemente utilizados pelos agentes policiais, nomeadamente os pertencentes à PSP, foram o murro, o pontapé e a bofetada[373]. Em sentido contrário, Marta Miguel[374] apurou que a chave sobre articulação foi a mais utilizada (78.8%), sendo o murro/ /pontapé o menos empregue (5.0%). Manzoni[375] constatou que, relativamente aos mecanismos de violência utilizados por agentes policiais, o mais comum foi a violência física (56.9%), seguindo-se a utilização de bastão/spray de gás (23.4%) e o disparo de arma de fogo contra a pessoa (0.4%).

Quanto ao momento concreto da ofensa ao cidadão, esta ocorreu maioritariamente quando o ofendido estava numa posição estática (38.1%), ou seja, numa atitude de passividade. Estes resultados surgem em coerência com os obtidos para a acção do agente policial no momento da ofensa, na medida em que se o cidadão está estático e sofre lesões a acção do agente policial tenderá a consubstanciar uma represália.

Aquando da produção das lesões, os ofendidos encontravam-se, na sua maioria, na posição de pé (85.88%), respectivamente, por ordem decrescente, de frente (44.25%), de costas (19.47%) e de lado (14.16%) para o agente. Quanto a esta posição, saliente-se a verificação da não existência de uma relação estatisticamente significativa entre ela e os mecanismos de produção das lesões mais frequentes. De evidenciar, em particular, o mecanismo disparo de arma de fogo com projéctil letal, para o qual se esperava que a sua execução fosse concretizada maioritariamente quando o ofendido se encontra de pé com as costas voltadas para o agente policial. Ao não se confirmar esta possibilidade, excluiu-se a ideia de que os disparos são quase sempre feitos pelas costas. Apesar da independência estatisticamente verificada entre a posição do ofendido e os mecanismos de produção das lesões, existe uma coerência entre os resultados obtidos para a posição de pé e para os mecanismos de

---

[373] Cf. http://jornaldigital.com/noticias.php [acedido em 29 de Janeiro de 2007].
[374] MARTA MIGUEL, *op.*, *cit.*, p. 50.
[375] PATRIK MANZONI, *op. cit.*, p. 97 *apud* THOMAS FELTES, *op. cit.*, in IGAI, *op. cit.* p. 23.

180    *As Lesões Contra a Vida e Contra a Integridade Física dos Cidadãos*

produção da lesão em que o agente policial utilizou os membros para atingir o ofendido.

Os resultados verificados para a distância entre o(s) agente(s) policial(ais) e o(s) ofendido(s), que em 78.8% dos casos foi 0 – 1 metros, surgem em coerência com os verificados para o mecanismo da lesão. Tendo sido mais frequentemente utilizados os membros superiores e inferiores para desferir murros, pontapés, impactos com o bastão policial e bofetadas, compreende-se que a distância entre o agente policial e o ofendido tenha igualmente de corresponder, na grande maioria dos casos, à distância máxima alcançada com o alongamento dos membros. Isto aconteceu, também, de modo algo inesperado, para os disparos de arma de fogo com projéctil letal, na medida em que a percentagem mais elevada deles (38.89%) ocorreu igualmente para a distância 0 – 1 metros, sendo menor para qualquer uma das outras distâncias. Tendo-se verificado uma relação estatisticamente significativa entre estas duas variáveis, pode afirmar-se que esta é a distância típica em que são realizados os disparos com arma de fogo com projéctil letal.

Num estudo realizado por Ezequiel Rodrigues[376], constatou-se que 39.5% dos agentes policiais inquiridos haviam já sido fisicamente agredidos em serviço. No presente estudo, a percentagem de agentes agredidos é inferior (27.4%). Este valor, apesar de ser menor, afigura-se mesmo assim significativo, na medida em que, estando os elementos policiais na posição de ofensores (arguidos), é relevante o facto de mais de 25% deles assumir também o papel de vítima.

A análise dos resultados relativos ao grau de ameaça enfrentado pelos agentes policiais permitiu verificar que, na maioria dos casos (68.2%), ele foi nulo (31.9%) ou baixo (36.3%), e que apenas em 11.5% foi elevado. Considerando que no grau de ameaça baixo o agente policial nem sequer é agredido – sendo-o somente, sem perigo de ofensa à integridade física grave e sem perigo de morte, no grau de ameaça médio – pode afirmar-se que, na maioria dos casos, as ocorrências não comportaram violência física para o agente policial ou para terceiros.

Em contraposição a estes resultados, surge a percentagem de casos em que o agente policial empregou um nível de força elevado (62.8%). Impõe-se, contudo, antes de mais, esclarecer que, para além de todos os

---

[376] EZEQUIEL RODRIGUES, *Formação para o desempenho da actividade policial: a defesa pessoal na PSP*, Trabalho final de licenciatura em Ciências Policiais, Lisboa: ISCPSI, 2001, p. 49.

## V. Discussão

disparos de arma de fogo com projéctil letal, também se considerou como pertencendo ao nível de força elevado qualquer mecanismo de produção das lesões de tipo contundente, quando utilizado sobre zonas corporais que alojam órgãos importantes. Este critério foi seguido em virtude da NEP n.º OPSEG/DEPOP/01/05 prever que são considerados nível de força elevado os impactos fortes desferidos em zonas corporais vermelhas e amarelas. Por não ter sido possível averiguar o vigor dos impactos desferidos nos ofendidos, optou-se por incluir neste nível todos os casos de bofetada e de murro na face, em virtude de qualquer destes mecanismos poder causar lesões graves (e.g., uma simples bofetada num olho pode causar perturbações graves da visão; um leve impacto na ponta do queixo é suficiente para fazer desmaiar um indivíduo de estrutura corporal média). A inexistência de casos de nível de força muito baixo justifica-se por este comportar apenas a emanação de ordens por parte dos agentes policiais ou, quando muito, o agarre suave pelo braço e antebraço para conduzir um suspeito colaborante, acções que, só por si, não são idóneas a causar lesões.

Verificou-se a existência de uma relação estatisticamente significativa entre o grau de ameaça enfrentado e o nível de força empregue pelos agentes policiais. Trata-se de uma relação inversa, na medida em que o nível de força elevado foi utilizado em 97.14% dos casos em que o grau de ameaça foi nulo, em 54% dos casos em que foi baixo/médio e em 66.67% dos casos em que foi elevado. Face a estes resultados, que revelam que o nível de força elevado foi utilizado quase em exclusivo, ou pelo menos maioritariamente, pode afirmar-se que, tendo por base a aplicação da NEP LUMC aos casos estudados, não se verifica proporcionalidade entre o grau de ameaça e o nível de força para os casos de grau de ameaça nulo de baixo/médio, verificando-se para os casos de grau de ameaça elevado.

## 4. CARACTERIZAÇÃO DAS LESÕES CORPORAIS

A percentagem de casos em que foi realizada perícia médico-legal (84.1%) é inferior àquela em que foi verificada a existência de lesão corporal (87.6%). Esta diferença resulta do facto de, em alguns casos, o tribunal, por impossibilidade ou por entender desnecessário, ter considerado provada a lesão sem recorrer à perícia de clínica médico-legal.

No que concerne à zona corporal em que foi detectada a lesão mais importante, a mais frequentemente atingida foi a face (38.9%). Este

182   *As Lesões Contra a Vida e Contra a Integridade Física dos Cidadãos*

resultado está de acordo com o facto de o murro ter sido o mecanismo mais utilizado e a bofetada um dos mais utilizados, pois, geralmente, estes visam precisamente a face dos ofendidos.

No caso particular dos disparos de arma de fogo com projéctil letal, a zona corporal mais afectada foi o tórax/abdómen (68.8%). Tal poderá explicar-se pelo facto desta zona, sendo a mais ampla do corpo, ser aquela em que o agente policial tem menos probabilidade de falhar, contrariamente ao que acontece, por exemplo, com os membros, os quais, neste estudo, nunca foram atingidos aquando da utilização deste mecanismo.

Quanto à gravidade das lesões mais severas, apesar de se ter constatado que o grau mais frequente foi o grau 1 (38.1%), verificou-se que de entre todos os casos em que houve a execução de um disparo com projéctil letal, 84.2% deles originaram lesões de grau 4 e de grau 5, tendo os restantes (15.8%) provocado lesões de grau igual ou inferior a 3. Este resultado era previsível, atendendo às potencialidades lesivas de um projéctil disparado por arma de fogo. Neste estudo, ele torna-se ainda mais coerente atendendo ao facto de a zona corporal mais atingida com os disparos (tórax/abdómen) alojar órgãos cuja lesão pode implicar a morte (grandes vasos, pulmões, coração, fígado, baço, rins e tubo digestivo).

Segundo um relatório apresentado por Thomas Feltes[377], os agentes policiais alemães provocaram a morte através de disparo de arma de fogo a 6 cidadãos em 2000, a 5 em 2001 e a 6 em 2003. Duncan Gear[378], fazendo igualmente uma análise da utilização de armas de fogo por agentes policiais em Inglaterra e no País de Gales, constatou que entre 1997 e 2002 foram efectuados disparos que provocaram a morte ou lesões físicas em 24 cidadãos. Charles Diaz[379], por seu lado, apurou que a polícia francesa, entre 1988 e 1992, provocou a morte a 57 cidadãos através de recurso a arma de fogo, e entre 1995 e 1999 efectuou disparos com armas de fogo contra pessoas em 102 casos, tendo provocado 20 mortos.

---

[377] O. DIEDDERICHS, «Polizeiliche Todesschüsse 2002» in Bürgerrechte und Polizei 2003, S. 81 f.; taz/dpa 21, Maio 2002 *apud* THOMAS FELTES, *O uso de armas de fogo pelos agentes policiais na Alemanha*, in IGAI, Uso de armas de fogo pelos agentes policiais, Seminário Internacional em Queluz – Portugal, em Novembro de 2003, p. 18.

[378] DUNCAN GEAR, *O uso de armas de fogo por agentes policiais: a abordagem em Inglaterra e País de Gales*, in IGAI, *op. cit.*, p. 34.

[379] CHARLES DIAZ, *O uso de armas de fogo pelos agentes policiais em França*, in IGAI, Uso de armas de fogo pelos agentes policiais, Seminário Internacional em Queluz – Portugal, em Novembro de 2003, p. 68.

No que respeita às sequelas resultantes das lesões, importa desde logo frisar que a terminologia usada neste estudo praticamente não foi verificada nos processos-crime consultados. Por isto, foi necessário anotar a descrição feita pelo tribunal e só posteriormente concretizar a sua classificação por graus com a ajuda de um perito médico. Para além dos casos em que era feita referência expressa no processo acerca da inexistência de sequelas, considerou-se o grau 0 também nos casos em que nada era referido acerca das mesmas, com o pressuposto de que se nada constava era porque não existia. Considerou-se desconhecida a gravidade das sequelas quando este desconhecimento era referido expressamente pelo tribunal.

Relativamente ao coeficiente de dano, na análise dos processos-crime não foi encontrada qualquer referência sobre ele. De igual modo, afigurou-se inviável fazer o seu apuramento através da conjugação dos resultados verificados para as sequelas, pelo que, embora tenha constituído um dos objectivos específicos deste estudo, não foi possível apresentar resultados.

Esta impossibilidade ocorreu também ao nível do cálculo dos períodos de incapacidade para os ofendidos, essencialmente porque as referências feitas sobre estas variáveis nos processos-crime não existiam ou eram demasiado vagas. Em muitos processos nada era referido acerca da existência ou não da incapacidade de trabalho, apesar de, atendendo à gravidade das lesões e das sequelas, ser de prever que essa incapacidade se verificou, pelo menos temporariamente. Em particular, quanto à incapacidade permanente, sendo esta traduzida, não em lapsos temporais mas sim em percentagens, não tendo sido verificada qualquer avaliação deste tipo (por se estar em sede de direito penal e não cível), tornou-se impossível fazer o seu cálculo. Nos casos em que era feita referência à incapacidade para o trabalho, não só não era especificado o tipo de trabalho – geral ou profissional – como também nada era dito acerca do facto de a incapacidade ser total ou parcial.

## 5. RESPONSABILIDADE PENAL, CIVIL E DISCIPLINAR

Sendo os tribunais judiciais a instância por excelência de controlo formal da actividade policial, as decisões por eles decretadas ao nível penal constituem o factor mais relevante para avaliar se os agentes da Polícia de Segurança Pública, quando empregam meios coercivos, o fazem de forma proporcionada ao grau de ameaça representado pelos suspeitos.

184  *As Lesões Contra a Vida e Contra a Integridade Física dos Cidadãos*

Atendendo exclusivamente à análise das decisões relativas à totalidade dos casos estudados, tendo-se verificado 54% de absolvições – mesmo que maioritariamente por não produção/insuficiência de prova sobre os factos imputados – e 46% de condenações, pode afirmar-se que, na maioria dos casos, existiu proporcionalidade entre o grau de ameaça enfrentado pelos agentes e a gravidade das lesões por eles provocadas para fazer face a essa ameaça.

Ao estudar-se a relação da decisão judicial no âmbito penal com o grau de ameaça e com o nível de força, verificou-se ter sido maioritariamente decretada a condenação para os casos de grau de ameaça nulo (80.56%) e de nível de força elevado (64.79%) e a absolvição para os casos de grau de ameaça baixo/médio (59.62%) e elevado (84.62%). Pode por isso afirmar-se que as lesões provocadas pelos agentes, nos casos de grau de ameaça nulo e de nível de força elevado, não foram proporcionais, e que nos casos de grau de ameaça baixo/médio e elevado e de nível de força baixo/médio foram proporcionais.

Cingindo esta apreciação a cada um dos crimes em questão, releva o facto de, em 11 (57.9%) dos 19 casos em que o crime imputado aos agentes foi homicídio, ter havido a condenação dos agentes policiais e de, em 41 (43.62%) dos restantes 94 casos, ter havido a condenação por ofensas à integridade física. Perante estes resultados, pode dizer-se que na maioria dos casos em que o crime foi o homicídio não houve proporcionalidade entre o grau de ameaça e a gravidade das lesões e que essa proporcionalidade existiu na maioria dos casos em que ao agente policial foi imputado o crime de ofensas à integridade física.

Este resultado tem, porém, de ser analisado com restrições. Estas reservas decorrem do facto de apenas terem sido estudados os casos em que, no fim da fase de inquérito ou de instrução dos processos-crime, se concluiu que havia matéria para ser apurada em sede de julgamento. Não se considerou os processos que foram arquivados ou não pronunciados no final do inquérito ou da instrução, por se ter apurado que o crime não ocorreu, que o agente policial não o praticou, que o procedimento criminal não era admissível, por não ter sido possível apurar a identidade do agente policial suspeito (art. 277.º, n.ºs 1 e 2, do Código Processo Penal - CPP), por haver dispensa de pena (art. 280.º do CPP) ou por não se terem verificado até ao encerramento da fase de instrução os pressupostos de que depende a aplicação de uma pena ou medida de segurança ao agente (art. 308.º do CPP).

Dada a relevância desta ressalva, e não esquecendo o âmbito do objecto deste estudo, importa mesmo assim frisar que, segundo os dados fornecidos pela Procuradoria-Geral da República, entre 1991 e 2004 foram instaurados contra agentes da PSP 1023 processos-crime por ofensas à integridade física e 33 por homicídio. Tendo por base estes números de processos e confrontando-os com os casos de condenação considerados neste estudo, obtém-se uma taxa de condenação de 4.01% para o crime de ofensas à integridade física e de 33.33% para o crime de homicídio.

Ao nível da responsabilidade civil pelos danos decorrentes das lesões, de salientar a diferença entre o número de casos em que houve condenação ao nível penal (n=52) e o número de casos em que foi decretada a obrigatoriedade de indemnizar (n=32), correspondendo a 61.54% de condenações cíveis na totalidade das condenações penais.

Quanto à responsabilidade disciplinar dos agentes policiais, tornou-se inviável a recolha de dados. Desde logo porque, sendo a responsabilidade disciplinar independente da responsabilidade penal, na quase totalidade dos processos-crime não constava qualquer referência àquela. Para ultrapassar esta dificuldade, tentou-se, através do Gabinete de Deontologia e Disciplina da Direcção Nacional da PSP, fazer corresponder cada processo-crime consultado ao respectivo processo disciplinar. Tal não foi possível pois, segundo esclarecimento daquele Gabinete, só existe uma base de dados fidedigna relativa aos processos posteriores a 1997 e, mesmo nestes casos, não é possível fazer uma ligação entre um processo-crime e um processo disciplinar ou, mesmo sendo pontualmente possível, seria uma tarefa demasiado morosa e exigente. De qualquer modo, foi possível apurar naquele Gabinete um registo da instauração de 62 processos por homicídio e 2027 por ofensas à integridade física. De entre os processos por homicídio concluídos (n=41), foram decretados 30 arquivamentos e 11 condenações (multa – 2; suspensão de funções – 7; aposentação compulsiva – 1; demissão – 1). Quanto aos processos por ofensas à integridade física findos (n=1494), foram decretados 1456 arquivamentos e 38 condenações (repreensão – 2; multa – 11; suspensão de funções – 15; aposentação compulsiva – 1; amnistia – 9).

## 6. LIMITAÇÕES E PERSPECTIVAS PARA OUTROS ESTUDOS

A primeira limitação deste estudo respeita ao âmbito dos casos estudados. Tendo sido estudados os processos-crime submetidos a julgamento, ficaram por estudar todos os demais que, embora tenham sido instaurados, foram arquivados, por exemplo, porque, no final da fase processual do inquérito, o Ministério Público apurou que o crime não

As Lesões Contra a Vida e Contra a Integridade Física dos Cidadãos

ocorreu ou que, embora tenha ocorrido, se verificou uma causa de exclusão da culpa ou da ilicitude, sendo por isso ilibado o agente policial. Este seria um dado importante para avaliar a legitimidade das lesões causadas pelos elementos da PSP em todas as ocorrências em que empregam meios coercivos. De qualquer modo, e embora inicialmente tenha sido intenção considerar neste estudo todos estes processos, tendo-se constatado a inviabilidade na sua localização nos tribunais, optou-se por analisar somente os processos que havia certeza de encontrar.

A impossibilidade de encontrar bibliografia específica acerca das lesões provocadas por agentes policiais e pericialmente atestadas implicou a adaptação da bibliografia existente para as lesões em geral. Quanto à bibliografia policial, e à relativa à utilização de meios coercivos em particular, embora abundante, de um modo geral, é muito genérica e tende a ser uma enunciação dos princípios constitucionais da actividade policial.

Os estudos internacionais específicos a que foi possível aceder tratam, quase unicamente, da utilização de armas de fogo. Os estudos nacionais que versam sobre as circunstâncias e as consequências para os cidadãos do emprego de meios coercivos pelas forças de segurança em geral, e pela PSP em particular – como é o caso dos elaborados pela IGAI – apoiam-se unicamente na análise das queixas recebidas, o que, atendendo a que os factos estudados carecem de confirmação judicial, limita a segurança das conclusões deles retirados. Estes factores inviabilizaram uma comparação mais aprofundada entre os resultados existentes e os apurados neste estudo em particular.

Uma última limitação fundamental deste estudo prende-se com a impossibilidade de cumprir o objectivo específico de caracterizar as consequências permanentes decorrentes das lesões provocadas pelos agentes policiais. Esta impossibilidade foi devida à inexistência de dados relativos a estas variáveis ou à falta de uniformidade no seu tratamento nos casos em que esses dados existiam.

O desenvolvimento deste estudo, não obstante as limitações referidas, permite traçar um quadro objectivo e factual do nível de proporcionalidade com que os agentes da PSP causam lesões nos cidadãos contra quem utilizam meios coercivos. Como decorrência desta consequência, torna-se igualmente possível confirmar ou infirmar as opiniões – positivas ou negativas – que, neste âmbito, retratam a PSP.

Ao nível interno da PSP, os resultados deste estudo que retratam casos de utilização não proporcional de meios coercivos constituem um indicador da necessidade de uma formação contínua dos agentes, em particular ao nível dos meios susceptíveis de provocar a morte e, de modo especial, das armas de fogo.

Quanto ao desenvolvimento de estudos com o mesmo objecto ou com objectos conexos ao analisado neste, afigura-se pertinente tentar explicar as motivações e as justificações dos agentes policiais causadores das lesões, apoiando-as, por um lado, em teorias explicativas do comportamento e, por outro, no testemunho desses mesmos agentes, eventualmente alargando o âmbito a outras forças policiais.

# VI. CONCLUSÕES

A análise dos resultados obtidos através do estudo de 113 casos de lesões causadas por elementos da Polícia de Segurança Pública (PSP) acusados de homicídio ou de ofensas à integridade física permitiu concluir o seguinte:

1. Os indivíduos ofendidos são maioritariamente do sexo masculino (92%), com uma média de idades de 30.92 anos, solteiros (56.6%) e têm como actividade profissional a indústria de extracção e transformadora e a condução de máquinas (28.3%);

2. Os agentes policiais acusados pelos crimes de homicídio ou de ofensas à integridade física são quase exclusivamente do sexo masculino (98.2%), têm uma média de idades de 35.37 anos, são casados (79.6%) e pertencem à carreira de Agente da PSP (82.3%);

3. As lesões ocorreram maioritariamente no período compreendido entre as 19h00 e as 07h00 (73.4%), na via pública (64.6%), quando os ofendidos desenvolviam agressões físicas contra o(s) agente(s) policial(ais) ou terceiro(s) (21.2%);

4. Os agentes policiais concretizaram as lesões exercendo represálias sobre o(s) ofendido(s) (27.4%), utilizando mais frequentemente como mecanismos de produção das lesões murros (27.8%), disparos de armas de fogo com projécteis letais (19.6%), pontapés (15.5%), bofetadas (13.4%) e impactos com bastão policial (13.4%);

5. As lesões foram maioritariamente provocadas quando os ofendidos estavam estáticos (38.1%), na posição de pé e de frente para o(s) agente(s) policial(ais) (44.25%), a uma distância máxima de 1 metro (78.8%);

6. O grau de ameaça das acções dos ofendidos foi mais frequentemente baixo (36.3%), tendo os agentes policiais utilizado maioritariamente um nível de força elevado (62.8%);

7. Atendendo à generalidade dos casos estudados, as zonas corporais mais frequentemente atingidas foram, por ordem decrescente, a face (38.9%), o crânio (18.6%) e o tórax (15.9%);

8. Nos casos de disparo de arma de fogo com projéctil letal, a zona corporal mais frequentemente atingida foi o tórax/abdómen (44%);
9. As lesões mais frequentemente provocadas foram de grau 1 (38.1%);
10. As lesões provocadas por disparo de arma de fogo com projéctil letal foram maioritariamente de grau 4 e 5 (88.89%);
11. As lesões provocadas através de murro foram sempre de grau igual ou inferior a 3;
12. As sequelas (lesionais, funcionais e situacionais) decorrentes das lesões provocadas pelos agentes policiais foram maioritariamente de grau 0 (77.9%);
13. Na maioria dos casos estudados (54%), os agentes policiais foram absolvidos, sendo a causa mais frequente de absolvição a não produção/insuficiência de provas sobre os factos que lhes foram imputados (50.8%);
14. Na maioria dos casos de condenação por homicídio (63.6%), o tipo deste crime foi homicídio por negligência;
15. Na maioria dos casos de condenação por ofensas à integridade física (82.9%), o tipo de crime foi ofensa à integridade física simples;
16. Nos casos de condenação, a pena mais frequentemente aplicada foi a multa (53.85%);
17. Na maioria dos casos estudados houve dedução de pedido de indemnização cível (55.8%) e, de entre estes, foi maioritariamente decretada a obrigação de indemnizar (50.8%), sendo esta maioritariamente incumbida ao agente policial agressor (93.8%);
18. Considerando a totalidade das queixas apresentadas entre 1991 e 2004 contra agentes da PSP por homicídio e por ofensas à integridade física e os resultados da decisão judicial no âmbito penal, verificou-se uma taxa de 33.33% de condenações por homicídio e de 4.01% por ofensas à integridade física, pelo que se considera que na maioria dos casos em que estes crimes são imputados aos agentes da PSP se verifica que eles provocam lesões nos ofendidos de modo proporcional à ameaça por eles representada;
19. Considerando os 113 casos estudados, e tendo por base o seu enquadramento na NEP n.º OPSEG/DEPOP/01/05, de 01JUN04, verificou-se que nos casos de grau de ameaça nulo é quase exclusivamente aplicado o nível de força elevado (97.14%), sendo

*VI. Conclusões* 193

este nível maioritariamente aplicado também nos casos de grau de ameaça baixo/médio (54%) e nos casos de grau de ameaça elevado (66.67%), podendo por isso afirmar-se que existe desproporcionalidade do nível de força empregue pelo agente policial nos casos de grau de ameaça nulo e baixo/médio, existindo proporcionalidade nos casos de grau de ameaça elevado;

20. Atendendo unicamente à percentagem de condenações verificadas nos 113 casos estudados (46%), pode afirmar-se que os agentes da PSP provocaram lesões nos cidadãos maioritariamente de modo proporcional à ameaça por eles representada;

21. Relacionando o grau de ameaça com a decisão judicial no âmbito penal, apurou-se que para o grau de ameaça nulo foi maioritariamente decretada a condenação (80.56%) e que para os graus de ameaça baixo/médio (59.62%) e elevado (84.62%) foi decretada a absolvição;

22. Estudando a relação entre o nível de força e a decisão judicial no âmbito penal, foi maioritariamente decretada, para o nível baixo/médio, a absolvição (78.57%), e para o nível elevado, a condenação (64.79%);

23. Analisando cada um dos crimes em particular, nos casos de homicídio (19) a percentagem de condenações foi de 57.9% e nos casos de ofensas à integridade física (94) essa percentagem foi de 43.62%;

24. Face a estes resultados, pode-se afirmar que as lesões provocadas pelos agentes foram maioritariamente proporcionais nos casos de grau de ameaça baixo/médio e elevado, nos casos de nível de força baixo/médio e nos casos em que o crime imputado ao agente foi ofensas à integridade física, e foram desproporcionais nos casos de grau de ameaça nulo, nos casos de nível de força elevado e nos casos em que o crime imputado foi homicídio;

25. Tendo em conta o facto de nos casos de homicídio ocorrer maioritariamente a condenação do agente policial, afigura-se pertinente que a Polícia de Segurança Pública invista de modo especial na formação contínua dos seus efectivos ao nível da utilização dos meios coercivos susceptíveis de provocar a morte, em particular ao nível dos aspectos legais do uso de armas de fogo.

# VII. REFERÊNCIAS BIBLIOGRÁFICAS

ANDRADE, Manuel da Costa. Crimes contra as pessoas. In: DIAS, Jorge de Figueiredo; CARVALHO, Américo A. Taipa de; SEIÇA, Medina; et. al., eds. Comentário Conimbricense ao Código Penal: Parte Especial. Coimbra: Coimbra Editora; 1999. pp. 276-301.

ASSEMBLEIA DA REPÚBLICA. Lei n.º 20/87, alterada pela Lei n.º 8/91, de 01 de Abril. Lei de Segurança Interna. Diário da República, Série I – A, 12 de Junho de 1987.

ASSEMBLEIA DA REPÚBLICA. Lei n.º 24/84. Estatuto Disciplinar dos Agentes e Funcionários da Administração Central, Regional e Local do Estado. Diário da República, Série I – A, 16 de Janeiro de 1984.

ASSEMBLEIA DA REPÚBLICA. Lei n.º 45/2004. Regime jurídico da realização das perícias médico-legais e forenses. Diário da República, Série I – A, 19 de Agosto de 2004; 195: 5362-5368.

ASSEMBLEIA DA REPÚBLICA. Lei n.º 5/99, alterada pelo Decreto-Lei n.º 137/2002, de 16 de Maio. Lei de Organização e Funcionamento da Polícia de Segurança Pública. Diário da República, Série I – A, 27 de Janeiro de 1999; 22:443-465.

ASSEMBLEIA DA REPÚBLICA. Lei n.º 7/90. Regulamento Disciplinar da Polícia de Segurança Pública. Diário da República, Série I – A, 20 de Fevereiro de 1990.

BELEZA, Teresa Pizarro. Direito Penal. Vol.II. Lisboa: Associação Académica da Faculdade de Direito de Lisboa; 2000.

BRAGA, Armando. A reparação do dano corporal na responsabilidade civil extracontratual. Coimbra: Almedina; 2005.

CAETANO, Marcelo. Manual de Direito Administrativo. 9.ª ed. Coimbra; 1980. pp.1145-1199.

CAÑADAS, Enrique Villanueva; CUETO, Claudio Hernández. Valoración médico del daño corporal. In: CALABUIG, Juan António Gisbert. Medicina legal y toxicologia. 5.ª ed. Barcelona: Masson; 1998. pp. 455-465.

CANAS, Vitalino. O princípio da proibição do excesso na Constituição: arqueologia e aplicações. In: MIRANDA, Jorge; MARTINS, Afonso D'Oliveira; DOURADO, Ana Paula; et. al. Perspectivas constitucionais nos 20 anos da Constituição de 1976. Vol. II. Coimbra: Coimbra Editora; 1997.

CANOTILHO, Gomes; MOREIRA, Vital. Constituição da República Portuguesa Anotada. 3.ª ed. Coimbra: Coimbra Editora; 1993. pp. 173-178.

198     *As Lesões Contra a Vida e Contra a Integridade Física dos Cidadãos*

CARVALHO, Américo A. Taipa de. A legítima defesa: da fundamentação teorético-
-normativa e prevenrivo-geral e especial à redefinição dogmática. Coimbra:
Coimbra Editora; 1995.

CARVALHO, Américo A. Taipa de. Direito Penal – Parte Geral: Questões fundamentais. Porto: Publicações Universidade Católica; 2003. pp. 129-212.

CARVALHO, Américo A. Taipa de. Direito Penal: Parte Geral. Teoria geral do crime.
Vol. II. Porto: Publicações Universidade Católica; 2004. pp. 143-441.

CONSELHO DA EUROPA. Resolução n.º 690. Declaração sobre Polícia, 8 de Maio de
1979.

CONSELHO DA EUROPA. Recomendação 10. Código Europeu de Ética de Polícia,
2001.

CONSELHO DE MINISTROS. Resolução n.º 37. Código Deontológico do Serviço
Policial. Diário da República, Série I – B, 28 de Fevereiro de 2002.

CORREIA, Eduardo. Direito Criminal. Vol. I. Coimbra: Almedina; 2004. pp. 389-421.

CORREIA, Eduardo. Direito Criminal. Vol. II. Coimbra: Almedina; 2004. pp. 3-138.

COSTA, Diogo Paulo Machado Pinto da. A perícia médico-legal nos crimes sexuais [Tese de Mestrado]. Faculdade de Direito da Universidade do Porto;
2000. Fotocopiado.

DIAS, Augusto Silva. Crimes contra a vida e contra a integridade física. Lisboa:
Associação Académica da Faculdade de Direito de Lisboa; 2005.

DIAS, João António Álvaro. Dano corporal: quadro espistemológico e aspectos
ressarcitórios. Coimbra: Almedina; 2004.

DIAS, Jorge de Figueiredo. Crimes contra as pessoas. In: DIAS, Jorge de Figueiredo; CARVALHO, Américo A. Taipa de; SEIÇA, Medina; et. al., eds. Comentário Conimbricense ao Código Penal: Parte Especial. Coimbra: Coimbra
Editora; 1999. pp. 1-55; 107-115.

DIAS, Jorge de Figueiredo. Direito Penal: Parte Geral. Questões fundamentais: a doutrina geral do crime. Tomo I. Coimbra: Coimbra Editora; 2004. pp. 362-669.

DIAZ, Charles. O uso de armas de fogo pelos agentes policiais em França. In:
Inspecção Geral da Administração Interna. Uso de armas de fogo pelos
agentes policiais. Seminário Internacional; Novembro de 2003; Queluz –
Portugal; Lisboa: IGAI; 2004. pp. 61-71.

EISELE, Rogério; CAMPOS, Maria. Manual de Medicina Forense e Odontologia
Legal. Curitiba: Juará Editora; 2003. pp. 193-198.

FARIA, Paula Ribeiro de. Crimes contra as pessoas. In: DIAS, Jorge de Figueiredo;
CARVALHO, Américo A. Taipa de; SEIÇA, Medina; et. al., eds. Comentário
Conimbricense ao Código Penal: Parte Especial. Coimbra: Coimbra Edi-
tora; 1999. pp. 202-275.

FELTES, Thomas. O uso de armas de fogo pelos agentes policiais na Alemanha.
In: Inspecção Geral da Administração Interna. Uso de armas de fogo pelos
agentes policiais. Seminário Internacional; Novembro de 2003; Queluz –
Portugal; Lisboa: IGAI; 2004. pp.13-29.

FERREIRA, Amadeu. Homicídio privilegiado. Coimbra: Almedina; 2000.

## VII. Referências Bibliográficas

GEAR, Duncan. O uso de armas de fogo por agentes policiais: a abordagem em Inglaterra e País de Gales. In: Inspecção Geral da Administração Interna. Uso de armas de fogo pelos agentes policiais. Seminário Internacional; Novembro de 2003; Queluz – Portugal; Lisboa: IGAI; 2004. pp. 31-48.

GONÇALVES, Manuel Lopes Maia. Código Penal Português Anotado e Comentado – Legislação complementar. 15.ª ed. Coimbra: Almedina; 2002.

GOVERNO. Decreto-Lei n.º 457/99. Recurso a arma de fogo em acção policial. Diário da República, Série I – A, 5 de Novembro de 1999.

GOVERNO. Decreto-Lei n.º 511/99. Estatuto do Pessoal da Polícia de Segurança Pública. Diário da República, Série I - A, 5 de Novembro de 1999.

GOVERNO. Decreto-Lei n.º 96/2001. Lei Orgânica do Instituto Nacional de Medicina Legal. Diário da República, Série I – A, 26 de Março de 2001; 72:1673-1684.

HENRIQUES, Manuel de Oliveira Leal; SANTOS, Manuel José Carrilho de Simas. Código Penal. Vol. II 2.ª ed. Lisboa: Rei dos Livros; s.d. pp. 11-29; 38-51; 68-79; 87-91; 104-107; 113-115; 133-137; 144-169.

JORGE, Pessoa. Ensaio sobre os pressupostos da responsabilidade civil. Coimbra: Almedina; s.d. pp. 33-55; 373-422.

KNIGHT, Bernard. Forensic Pathology. 2.nd ed. London: Arnold; 1996. pp. 1-43; 133-169.

LIMA, Pires de; VARELA, Antunes. Código Civil Anotado. Vol. I 4.ª ed. Coimbra: Coimbra Editora; 1987. pp. 470-476.

LOPES, Maria Clara. Responsabilidade civil extracontratual. Lisboa: Rei dos Livros; s.d. p. 16.

MAGALHÃES, Teresa. Clínica Médico-Legal [online]. [Porto]: Delegação do Porto do Instituto Nacional de Medicina-Legal, 2005 [citado em 10 de Setembro de 2005. Disponível na Internet em http://www.inml.mj.pt/uef/CLIN_MED_LEGAL184.pdf.

MAGALHÃES, Teresa. Estudo tridimensional do dano corporal: lesão, função e situação (Sua aplicação médico-legal). Coimbra: Livraria Almedina; 1998.

MAGALHÃES, Teresa; COSTA, Diogo Pinto da; REAL, Francisco Corte; VIEIRA, Duarte Nuno. Avaliação do dano corporal em Direito Penal: Breves reflexões médico-legais, Revista de Direito Penal 2003; 2(1): 63-82.

MIGUEL, Marta Isabel Fernandes. Violência policial: estudo exploratório em dois Comandos da PSP [Tese de licenciatura]. Instituto Superior de Ciências Policiais e Segurança Interna; 2004. pp. 7-56. Fotocopiado.

MILITÃO, Maria João. Queixas participadas pelo comportamento das forças de segurança In: Inspecção Geral da Administração Interna. Controlo externo da actividade policial. Vol. II. Lisboa: IGAI; 2003. pp. 251-273.

MIRANDA, Jorge Manuel Moura Loureiro. Direitos Fundamentais e Polícia. In: Inspecção Geral da Administração Interna. Direitos Humanos e Eficácia Policial: Sistemas de controlo da actividade policial; Novembro 1998; Lisboa; Lisboa: IGAI; 1999. pp. 19-35.

MIRANDA, Jorge Manuel Moura Loureiro. Manual de Direito Constitucional: Direitos Fundamentais. Tomo IV. 2.ª ed. Coimbra: Coimbra Editora; 1998. pp. 216-229.

NAÇÕES UNIDAS. Resolução n.º 34/169. Código de Conduta das Nações Unidas para os Responsáveis pela Aplicação das Leis, 17 de Dezembro de 1979.

NOGUEIRA, Maria José M. Leitão. O uso da força e dos meios coercivos pelas forças de segurança [online]. s.l.: IGAI, 2004 [citado em 17 de Agosto de 2005]. Disponível na Internet em http://www.igai.pt/publicdocs/ Refl_MJNogueira.pdf.

NOGUEIRA, Maria José R. Leitão. O uso de armas de fogo pelos agentes policiais: alguns aspectos. Uso de armas de fogo pelos agentes policiais. Seminário Internacional; Novembro de 2003; Queluz – Portugal; Lisboa: IGAI; 2004. pp. 97-112.

NOVAIS, Jorge Reis. Os princípios constitucionais estruturantes da República Portuguesa. Coimbra: Coimbra Editora; 2004.

OLIVEIRA, Alberto Augusto A. de; Processo disciplinar/processo crime, suspensão do procedimento disciplinar, fraccionamento do objecto do procedimento disciplinar. In: Inspecção Geral da Administração Interna. Controlo Externo da Actividade Policial. Lisboa: IGAI; 1998. pp. 218-237.

OLIVEIRA, Maria Joana de Castro. A imputação objectiva na perspectiva do homicídio negligente. Coimbra: Coimbra Editora; 2004.

PALMA, Maria Fernanda. A justificação por legítima defesa como problema de delimitação de direitos. Vol. I. Lisboa: Associação Académica da Faculdade de Direito de Lisboa; 1990.

PALMA, Maria Fernanda. A justificação por legítima defesa como problema de delimitação de direitos. Vol. II. Lisboa: Associação Académica da Faculdade de Direito de Lisboa; 1990.

PALMA, Maria Fernanda. Direito Penal: Parte Especial. Crimes contra as pessoas. Lisboa; 1983.

PEREIRA, Maria Margarida Silva; FERREIRA, Amadeu. Direito Penal II: os homicídios. Vol. II. Lisboa: Associação Académica da Faculdade de Direito de Lisboa; 1998.

PEREIRA, Victor de Sá; LAFAYETTE, Alexandre. Código Penal Anotado e Comentado. Lisboa: Quid Júris Sociedade Editora; 2008. pp. 333-389.

PESTANA, Maria Helena; GAGEIRO, João Nunes. Análise de dados para Ciências Sociais: a complementaridade do SPSS. 3.ª ed. Lisboa: Edições Sílabo.

POLÍCIA DE SEGURANÇA PÚBLICA. NEP n.º OPSEG/DEPOP/01/05. Regulamento Sobre os Limites ao Uso de Meios Coercivos. 01 de Junho de 2004.

RAMALHEIRA, António; CARDOSO, Salvador. A caracterização do risco: risco relativo e odds ratio como medidas do grau de associação entre factores e doença. Coimbra: Coimbra Editora; 1995. pp. 139-140.

RAPOSO, João. Direito Policial I: Introdução, Noções Fundamentais, a Polícia em sentido institucional. Coimbra: Almedina; 2006.

*VII. Referências Bibliográficas* 201

RIBEIRO, José Luís Pais. Investigação e avaliação em psicologia e saúde. Lisboa: Climepsi Editores; 1999.

RODRIGUES, Ezequiel Agostinho Maciel. Formação para o desempenho da actividade policial: a defesa pessoal na PSP [Tese de licenciatura]. Instituto Superior de Ciências Policiais e Segurança Interna; 2001. Fotocopiado.

ROQUES, Isabelle Bessières; FOURNIER, Claude; BÉJUI, Hélène Hugues; et. al. Précis d'évaluation du dommage corporel. 2.ᵉ éd. Paris: Éditions L'Argus de L'Assurance; 2001.

SANTOS, Agostinho. Tanatologia Forense [online]. [Porto]: Delegação do Porto do Instituto Nacional de Medicina-Legal, 2005 [citado em 09 de Setembro de 2005. Disponível na Internet em http://www.inml.mj.pt/uef/TAN_FORENSE 184.pdf.

SANTOS, M. Simas; HENRIQUES, M. Leal. Noções Elementares de Direito Penal. 2.ª ed. Lisboa: Editora Rei dos Livros; 2003. pp. 57-125.

SERRA, Teresa. Homicídio qualificado: tipo de culpa e medida da pena. Coimbra: Almedina; 2003.

SILVA, Eurico João. Regras gerais sobre polícia: o art. 272.º da Constituição da República Portuguesa. In Inspecção Geral da Administração Interna. Conferências da IGAI: Ano 2002/2003; Outubro de 2003; Lisboa: IGAI; 2004. pp. 37-75.

SILVA, Fernando. Direito Penal Especial: Os crimes contra as pessoas. Lisboa: Quid Júris Sociedade Editora; 2005.

SILVA, Germano Marques da. Actuação policial e Direitos do Homem. In: Inspecção Geral da Administração Interna. Semana "Polícia e Direitos do Homem"; 28 de Outubro a 4 de Novembro de 2000; Lisboa; Lisboa: IGAI; 2001. pp. 23-33.

SILVA, Germano Marques da. Curso de Processo Penal. Vol. II. 2.ª ed. Lisboa: Editorial Verbo; 1999. pp. 177-119.

SILVA, Germano Marques da. Direito Penal Português: Parte Geral. Introdução e teoria da lei penal. Vol. I. Lisboa: Editorial Verbo; 1997. pp. 129-134.

SILVA, Germano Marques da. Direito Penal Português: Parte Geral. Teoria do crime. Vol. II. Lisboa: Editorial Verbo; 1997. pp. 9-221.

SILVA, Germano Marques da. Ética policial e sociedade democrática. Lisboa: Instituto Superior de Ciências Policiais e Segurança Interna; 2001.

SOUSA, António Francisco de. Polícia administrativa: autoridades, órgãos e competências. Polis Revista de Estudos Jurídicos 2003; pp. 9-12; 74-75.

SUPREMO TRIBUNAL ADMINISTRATIVO. Acórdão do Pleno da Secção de 19/02/1997 – Recurso n.º 30356.

SUPREMO TRIBUNAL DE JUSTIÇA. Acórdão de 01/10/1998.

SUPREMO TRIBUNAL DE JUSTIÇA. Acórdão de 16/01/1990.

SUPREMO TRIBUNAL DE JUSTIÇA. Acórdão de 16/01/1996.

SUPREMO TRIBUNAL DE JUSTIÇA. Acórdão de 18/12/1991. Diário da República, 8 de Fevereiro de 1992.

202 *As Lesões Contra a Vida e Contra a Integridade Física dos Cidadãos*

Supremo Tribunal de Justiça. Acórdão de 19/06/19991 – Processo n.º 41647.
Supremo Tribunal de Justiça. Acórdão de 19/11/1993 – Processo n.º 45041.
Supremo Tribunal de Justiça. Acórdão de 25/01/1984.
Tribunal Constitucional. Acórdão n.º 634/93.
Tribunal da Relação de Coimbra. Acórdão de 10/10/1984
Tribunal da Relação de Coimbra. Acórdão de 11/06/1996.
Tribunal da Relação de Évora. Acórdão de 04/02/1997.
Tribunal da Relação de Lisboa. Acórdão de 09/04/1991.
Valente, Manuel Monteiro Guedes. Teoria Geral do Direito Policial. Tomo I. Coimbra: Almedina; 2005. pp. 13-136.
Vieira, Duarte Nuno. Autópsia médico-legal: tipos de autópsia, normativos legais e procedimentos preliminares. Objectivos da autópsia médico-legal. Certificação e verificação do óbito [Apontamentos para o Mestrado em Ciências Forenses 2003/2005 – Tanatologia Forense]; 2004. Fotocopiado.

# ANEXO
### Ficha para recolha de dados

# Ficha para recolha de dados sobre homicídios/ofensas à integridade física dos cidadãos em acções policiais

## I. I. DADOS GERAIS

**1. NUIPC:** _____

**2. Entidade que recebeu a queixa:**

1. MP    2. PJ    3. PSP    4. GNR

5. Outra _____

**3. Data da ocorrência:**

_____/_____/_____

**4. Data da queixa:**

_____/_____/_____

**5. Data de registo no Tribunal:**

_____/_____/_____

**6. Entidade que solicitou a perícia médico-legal:**

1. MP    2. PJ    3. PSP    4. GNR

5. Outra _____

**7. N.º processo do INML:**

_____/_____

**8. Data da perícia médico-legal:**

_____/_____/_____

## II. CARACTERIZAÇÃO DO OFENDIDO

**9. Sexo:**

1. M    2. F

**10. Data de nascimento:**

_____/_____/_____

**11. Idade à data dos factos:** ____ anos

**12. Estado civil à data dos factos:**

1. Solteiro(a)

2. Casado(a)

3. Unido(a) de facto

4. Divorciado(a)

5. Separado(a) de facto

6. Viúvo(a)

7. Desconhecido

**13. Nível de escolaridade à data dos factos:**

1. Sem

2. 1.º/4.º ano

3. 5.º/6.º ano

4. 7.º/9.º ano

5. 10.º/12.º ano

6. Curso Técnico-Profissional

7. Estudos Universitários

8. Outro_____

9. Desconhecido

**14. Situação de actividade do ofendido à data dos factos:**

1. Profissões científicas, técnicas, artísticas ou similares

2. Directores e quadros superiores administrativos

3. Empregados administrativos e similares

4. Indústrias de extracção e transformadora e condutores de máquinas fixas e de transporte

5. Serviços de protecção e segurança, serviços pessoais e domésticos e similares

6. Agricultores, criadores de animais, trabalhadores agrícolas e florestais, pescadores e caçadores

7. Comerciantes e vendedores

8. Desemprego

9. Reforma

10. Estudante

11. Incapacidade

12. Outro_____

13. Desconhecida

**15. Antecedentes criminais:**

1. Não

2. Pena de prisão efectiva

3. Pena suspensa

4. Pena de multa

5. Outro(s)_____

6. Desconhecidos

### III. CARACTERIZAÇÃO DO AGENTE POLICIAL

**16. Sexo:** 1. M   2. F

**17. Data de nascimento:**

_____/_____/_____

**18. Idade à data dos factos:**

_____ anos

**19. Estado civil à data dos factos:**

1. Solteiro(a)

2. Casado(a)

3. Unido(a) de facto

4. Divorciado(a)

5. Separado(a) de facto

6. Viúvo(a)

7. Desconhecido

**20. Nível de escolaridade à data dos factos:**

1. Sem

2. 1.º/4.º ano

3. 5.º/6.º ano

4. 7.º/9.º ano

5. 10.º/12.º ano

6. Curso Técnico-Profissional

7. Estudos Universitários

8. Outro_____

9. Desconhecido

**21. Categoria profissional à data dos factos:**

1. Oficial

2. Chefe

3. Agente

4. Desconhecida

## 22. Antecedentes criminais:

1. Não
2. Pena de prisão efectiva
3. Pena suspensa
4. Pena de multa
5. Outro(s)_____
6. Desconhecidos

## 23. Antecedentes disciplinares:

1. Não
2. Repreensão verbal
3. Repreensão escrita
4. Multa até 30 dias
5. Suspensão de 20 a 120 dias
6. Suspensão de 121 a 240 dias
7. Aposentação compulsiva
8. Demissão
9. Cessação de comissão de serviço
10. Desconhecidos

## IV. CARACTERIZAÇÃO DOS FACTOS

## 24. Data:

_____ / _____ / _____

## 25. Hora:

1. 07H01-13H00
2. 13H01-19H00
3. 19H01-01H00
4. 01H01-07H00
5. Desconhecida

## 26. Distrito:

1. V. Castelo    2. Braga
3. V. Real    4. Bragança
5. Porto    6. Aveiro
7. Viseu    8. Guarda
9. Coimbra    10. C. Branco
11. Portalegre    12. Leiria
13. Santarém    14. Lisboa
15. Setúbal    16. Évora
17. Beja    18. Faro
19. Funchal    20. Ponta Delgada
21. Horta    22. A. Heroísmo
23. Desconhecido

## 27. Local:

1. Via Pública
2. Edifício da Administração Pública
3. Transporte público
4. Estabelecimento de restauração e bebidas
5. Centro comercial
6. Espaço de acesso reservado
7. Recinto desportivo
8. Residência/domicílio do ofendido
9. Viatura do ofendido
10. Esquadra policial
11. Quarto de detenção
12. Viatura policial
13. Outro_____
14. Desconhecido

**28. N.º de agentes policiais intervenientes:**

_____

**29. N.º de agentes policiais suspeitos de ter causado as ofensas à integridade física:**

_____

**30. N.º de cidadãos intervenientes:**

_____

**31. N.º de cidadãos ofendidos na ocorrência:**

_____

**32. Factos tentados ou concretizados pelo ofendido que levaram à utilização da força pelo agente:**

1. Ameaça contra a vida de agente(s) policial(ais)

2. Ameaça contra a vida de terceiro(s)

3. Agressão a agente(s) policial(ais)

4. Agressão a terceiro(s)

5. Resistência e coacção sobre agente(s) policial(ais)

6. Desobediência a ordem de agente(s) policial(ais)

7. Injúrias a agente(s) policial(ais)

8. Contra-ordenação de trânsito

9. Fuga/tentativa de fuga ilegítimas

10. Crime(s) contra o património (furto, roubo, dano, burla, extorsão)

11. Alteração da ordem e tranquilidade públicas

12. Outro(s)_____

13. Nenhum

14. Desconhecidos

**33. Acção do agente policial a partir da qual a ofensa terá sido infligida ao cidadão:**

1. Defesa própria ou alheia

2. Detenção do(s) ofendido(s) ou terceiro(s)

3. Condução do(s) ofendido(s) ou terceiro(s) a estabelecimento policial

4. Condução do(s) ofendido(s) ou terceiro(s) a local de detenção

5. Condução do(s) ofendido(s) ou terceiro(s) a estabelecimento judicial

6. Condução do(s) ofendido(s) ou terceiro(s) a estabelecimento prisional

7. Interrogatório judicial do(s) ofendido(s) ou terceiro(s)

8. Inquirição policial do(s) ofendido(s) ou terceiro(s)

9. Execução coerciva de um serviço

10. Impedir fuga do(s) ofendido(s) ou terceiro(s)

11. Vingança sobre ofendido(s)

12. Nenhuma

13. Outra_____

14. Desconhecida

## 34. Mecanismo através do qual o agente provocou a ofensa no cidadão:

1. Pressão sobre o corpo

2. Agarre

3. *Chave* sobre articulação

4. Colocação de algemas

5. Utilização de agente químico (ex: gás lacrimogénio; gás pimenta)

6. Bofetada

7. Murro

8. Impacto com o braço/antebraço

9. Pontapé

10. Impacto com a tíbia

11. Impacto com os joelhos e/ou cotovelos

12. Cabeçada

13. Impacto com outra parte corporal

14. Impacto com o bastão policial

15. Impacto com algemas

16. Impacto com rádio/lanterna

17. Impacto com arma de fogo

18. Disparo de arma de fogo com projéctil menos letal

19. Disparo de arma de fogo com projéctil letal

20. Outra_____

21. Desconhecida

## 35. Momento concreto da ofensa pelo agente policial:

1. Antes do ataque do ofendido

2. Durante o ataque do ofendido

3. Após o ataque do ofendido

4. Ofendido em retirada/fuga

5. Ofendido estático

6. Outro_____

7. Desconhecido

## 36. Posição do ofendido aquando da ofensa:

1. Pé (frente para o agente)

2. Pé (costas para o agente)

3. Pé (lado para o agente)

4. Sentado (frente para o agente)

5. Sentado (costas para o agente)

6. Sentado (lado para o agente)

7. Ajoelhado (frente para o agente)

8. Ajoelhado (costas para o agente)

9. Ajoelhado (lado para o agente)

10. Decúbito ventral

11. Decúbito dorsal

12. Decúbito lateral

13. Outra_____

14. Desconhecida

**37. Distância entre o agente policial e o cidadão no momento da ofensa:**

_____ metros

**38. Agente policial também foi agredido:**

1. Sim   2. Não   3. Desconhecido

**39. Danos patrimoniais ocorridos:**

1. Não

2. Pertença do(s) cidadão(s) ofendido(s)

3. Pertença do(s) agente(s) policial(ais)

4. Bens públicos

5. Pertença de terceiro(s)

6. Desconhecidos

**40. GRAU de AMEAÇA que a acção do(s) cidadão(s) representou para o(s) agente(s) policial(ais) ou terceiro(s):**

1. Nulo

2. Baixo

3. Médio

4. Elevado

5. Desconhecido

**41. NÍVEL de FORÇA empregue pelo(s) agente(s) policial(ais):**

1. Muito Baixo

2. Baixo

3. Médio

4. Elevado

5. Desconhecido

## V. RESULTADO DA PERÍCIA MÉDICO-LEGAL

**42. Existência de perícia:**

1. Sim

2. Não

**43. Existência de lesão corporal:**

1. Sim

2. Não

**44. Zona corporal em que foi detectada a lesão mais grave:**

1. Crânio

2. Face

3. Pescoço

4. Tórax

5. Abdómen (conteúdo pélvico e períneo incluídos)

6. Ráquis e medula

7. Membros superiores

8. Membros inferiores (pelve óssea incluída)

9. Desconhecida

**45. Número de regiões corporais atingidas:** _____

**46. Gravidade das lesões mais severas[1]:**

1. Grau 0   2. Grau 1   3. Grau 2

---

[1] Grau 0 – Ausência de lesões; Grau 1 – Lesões mínimas (ex: escoriações, soluções de continuidade superficiais); Grau 2 – Lesões de importância média (ex: laceração, fractura sem necessidade de tratamento cirúrgico); Grau 3 – Lesões importantes (que impliquem tratamento cirúrgico); Grau 4 – Lesões muito importantes (potencialmente letais); Grau 5 – Lesões mortais.

4. Grau 3    5. Grau 4

6. Grau 5    7. Não apurada

### 47. Score de gravidade das sequelas lesionais[2]:

1. Grau 0    2. Grau 1

3. Grau 2    4. Grau 3

5. Grau 4    6. Não apurado

### 48. Score de gravidade das sequelas funcionais[3]:

1. Grau 0    2. Grau 1

3. Grau 2    4. Grau 3

5. Grau 4    6. Não apurado

### 49. Score de gravidade das sequelas situacionais[4]:

1. Grau 0    2. Grau 1

3. Grau 2    4. Grau 3

5. Grau 4    6. Não apurado

---

[2] Grau 0 – Ausência de sequelas; Grau 1 – Sequelas mínimas; Grau 2 – Sequelas de importância média; Grau 3 – Sequelas importantes; Grau 4 – Sequelas muito importantes.

[3] Grau 0 – Ausência de dificuldades; Grau 1 – Dificuldades mínimas (lentidão, desconforto); Grau 2 – Dificuldades de importância média (ajuda técnica ou medicamentosa ou adaptação do meio); Grau 3 – Dificuldades importantes (ajuda humana ou reconversão profissional); Grau 4 – Dificuldades muito importantes (impossibilidade ou ajuda humana total de substituição).

[4] Grau 0 – Ausência de dificuldades; Grau 1 – Dificuldades mínimas (lentidão, desconforto); Grau 2 – Dificuldades de importância média (ajuda técnica ou medicamentosa ou adaptação do meio); Grau 3 – Dificuldades importantes (ajuda humana ou reconversão profissional); Grau 4 – Dificuldades muito importantes (impossibilidade ou ajuda humana total de substituição).

### 50. Coeficiente do Dano[5]:

1. Grau 0    2. Grau 1

3. Grau 2    4. Grau 3

5. Grau 4    6. Não apurado

### 51. Lapso de incapacidade temporária geral total atribuído:

_____ dias

### 52. Lapso de incapacidade temporária profissional total atribuído:

_____ dias

### 53. Lapso de incapacidade temporária geral parcial atribuído:

_____ dias

### 54. Lapso de incapacidade temporária profissional parcial atribuído:

_____ dias

### 55. Percentagem de incapacidade permanente geral:

_____ %

---

[5] Grau 0 – Ausência de sequelas ou sequelas sem relevância médico-legal; Grau 1 – Dano corporal ligeiro, sem necessidade de recurso a ajudas técnicas ou humanas (sem dependência); pode haver dificuldades ou desconforto; Grau 2 – Dano corporal de gravidade média, havendo necessidade de recurso a ajudas técnicas ou medicamentosas, mas não a ajuda humana; Grau 3 – Dano corporal importante, havendo necessidade de recurso a ajudas humanas; Grau 4 – Dano corporal muito importante, com dependência total de terceira pessoa (sem autonomia nem independência.

**56. Percentagem de incapacidade permanente profissional:**

_____ %

**57. Necessidade de tratamento:**

1. Sim

2. Não

3. Desconhecida

**58. Necessidade de internamento:**

1. Sim

2. Não

3. Desconhecida

## VI. RESULTADO DA DECISÃO JUDICIAL

## VI.I. PROCESSO PENAL

**59. Sentença para o agente policial:**

1. Condenação (ignorar 65)

2. Absolvição (ignorar 60 a 64)

**60. Condenação por homicídio:**

1. Não

2. Homicídio simples

3. Homicídio qualificado

4. Homicídio privilegiado

5. Homicídio negligente

**61. Condenação por ofensa à integridade física**

1. Não

2. Of. Int. Fís. simples

3. Of. Int. Fís. grave

4. Agravação pelo resultado

5. Of. Int. Fís. qualificada

6. Of. Int. Fís. privilegiada

7. Of. Int. Fís. por negligência

**62. Condenação em pena de prisão efectiva:**

_____ dias

**63. Condenação em pena suspensa**

_____ dias

**64. Condenação em pena de multa**

_____ €

**65. Razões para absolvição**

1. Não produção/insuficiência de prova

2. Legítima defesa

3. Excesso de legítima defesa (art. 33.º, n.º2 CP)

4. Estado de necessidade

5. Direito de necessidade

6. Estado de necessidade desculpante

7. Conflito de deveres

*Anexo – Ficha para recolha de dados*

8. Obediência indevida desculpante

9. Consentimento

10. Consentimento presumido

11. Inimputabilidade

12. Erro de facto ou de direito

13. Amnistia

14. Morte

15. Não houve agressão

16. Outra_____

17. Desconhecidas

**66. Condenação por outros crimes**

1. Sim

2. Não

**67. Data da resolução do processo:**

_____/_____/_____

**68. Observações:**

_____

_____

_____

_____

_____

_____

_____

## VI.II. PROCESSO CÍVEL

**69. Pedido de indemnização cível:**

1. Sim

2. Não (ignorar 71 a 76)

**70. Tramitação processual:**

1. No processo penal respectivo

2. Em processo civil separado

**71. Decisão:**

1. Obrigatoriedade de indemnizar

2. Não obrigatoriedade de indemnizar (ignorar 67 a 69)

**72. Incumbência da indemnização:**

1. Agente policial

2. Estado

3. Terceiro

**73. Tipo de indemnização:**

1. Danos patrimoniais

2. Danos não patrimoniais

3. Os dois tipos anteriores

**74. Montante da indemnização:**

_____ ($ ou € )

**75. Data da resolução do processo:**

_____/_____/_____

**76. Observações:**

_____

_____

_____

_____

_____

## VII. RESULTADO DA DECISÃO DISCIPLINAR

**77. Instauração de processo disciplinar:**

1. Sim

2. Não (ignorar 73 a 76)

**78. Entidade instrutora do processo:**

1. Superior hierárquico directo

2. Direcção Nacional da PSP

3. IGAI

**79. Decisão:**

1. Arquivamento (ignorar 75)

2. Condenação

**80. Pena atribuída:**

1. Repreensão verbal

2. Repreensão escrita

3. Multa até 30 dias

4. Suspensão de 20 a 120 dias

5. Suspensão de 121 a 240 dias

6. Aposentação compulsiva

7. Demissão

**81. Data da resolução do processo:**
_____ / _____ / _____

**82. Observações:**

_____

_____

_____

## VIII. OBSERVAÇÕES GERAIS

**83.** _____

_____

_____

_____

_____